コトダマの世界 II

いずみ おきなが

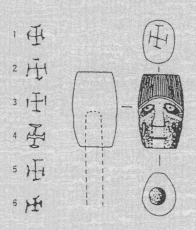

もくじ

まえがき

1 ヒミコ・ミコ・MAGICIAN ―「最古の墨書土器」に よせて　2
　「ヰ」は〔巫〕　2
　myag 巫は magician　4
　マガタマ・マジナヒ・magic　6
　ヒミコ・ミコ・magician　8
　常識 と いう 名の 仮説　9

2 三巴紋とは ナンゾな もし?　12
　中國青銅器の 三巴紋　12
　ウェストンと 三巴紋　14
　福音書の 三巴紋　16
　トモエ紋の 意味　18

3 越と 腰と 年越し　21
　三十年越しの 課題　21
　単語家族の 視点　22
　コシの 単語家族　24
　年(実り) を コ〔粉〕ス　28

4 クルマ＝サイクルの カラクリ　29
　サイクルと シャリン〔車輪〕　29
　クルマつきの カゴ　30
　クルマ技術の シンボル　32
　　k-r音 日本語　　k-l(r)音 漢語
　　k-l(r)音 英語　　k-l(r)音 ギタイ語の カラクリ

5 ピカピカ・ピッケル・ビックリ・霹靂―日・漢・英の p-k音語 比較　38
　井の中に ヒカル 神　38
　　尾ある 人、ヰヒカ　　ヰヒカ＝ヰをヒクもの
　　p-k音 日本語
　ピクリ・ヒックリかえる　40
　　ヒケ鳥＝ヒカレ鳥　　ヒケタ部の 赤猪子
　　ヒケタ〔辟田〕と ヒコ〔辟王〕　　晴天の ヘキレキ
　法師の ヒゲを ヒケ　42
　　ヒゲの そり杭　　シラヒゲの 神
　都ヒクと pacific　44
　　いま 都 ヒク　　pacific
　　pek-音の英語
　擬態語を 見なおす　45

人類語としての 共通性　擬態語の メカニズム
「音象徴」と「象形言語」

6　コク〔扱〕・コク〔穀〕・COOK—k-音の 意味を さぐる　48
　　カクカク・シカジカ　48
　　カク・キク・クク・コク　50
　　カク もの、コク もの　53
　　コトバの キキメと カギリ　55

7　ハル・ヤブル・BREAK・SPRING—p-r音の 意味を さぐる　57
　　ハル〔春〕= spring の ナゾ　57
　　ハラハラ・ヒラヒラ・フラフラ　58
　　春は、ハリだす 季節　60
　　p'uar破po = ハル・ヤブル 姿　62
　　ハル・ヤブル・BREAK・SPRING　63
　　バラの 木に、バラの 花 さく　66

8　ユフと アサと ユーラシア—東西 コトダマ くらべ　68
　　はじめに　68
　　アユの 風は、矢を 射る 姿　69
　　アス・アサ=矢が サス 時　71
　　マキムクの 日代の 宮　72
　　コトバ=コトの ハ= one cut　74

9　ワケ・ワカル・ワレ・ワラウ—w-k音と w-r音の 系譜　77
　　はじめに　77
　　ワライの 五段活用　77
　　ワカル から ワラウ まで　79
　　ワク・ワカルの 系譜　79
　　ワル・ワラウの 系譜　82

10　「64音図」の すすめ—21世紀 日本語の 世界戦略　85
　　はじめに　85
　　コトダマの サキハフ 国　85
　　コトダマの 流通回路　87
　　コトダマ回路の 歴史　88
　　「50音図」から「64音図」へ　89
　　21世紀 日本語の 世界戦略　91

11　コトバは カタリの ワンカット　93
　　はじめに　93
　　k-t音の ヤマトコトバ　94

	k-t音の 漢語	97
	k-t音の 英語	99
	まとめ	100
12	タク・ダク・タクル・タックル	102
	はじめに	102
	t-k音の 基本義	103
	t-k音の ヤマトコトバ	104
	t-k音の 漢語	106
	t-k音の 英語	107
	まとめ	109
13	スギタ＝過去的＝PASSED―t,d音の 基本義を さぐる	110
	はじめに	110
	スギタは 過去形か	111
	スギタ＝過去的	113
	スギタ＝passed	115
	むすび	116
14	日本語の 世界戦略―21世紀を 生きぬく ために	118
	いま、日本が あぶない	118
	日本語が あぶない	119
	同音異語に よる ミス　　漢字の 読みかたが 複雑	
	小学校英語の 必修化	
	ピンチ こそ、改革の チャンス	121
	同音異語を 減らす　　漢字は「一字一音」が 基本	
	小学校英語必修化を まえに　　文書の 横書きを 徹底	
	日本語の 世界戦略を 考える	123
	現代日本語は チャンポン語　　「50音図」から「64音図」へ	
	カナ・ローマ字・漢字まじり文の 時代	
15	ツクシとスギナ―t-音とs-音の関係を考える	126
	はじめに	126
	ヤマトコトバの 組織原則 から	126
	ツク姿と スク姿	127
	ツクシと スギナの 音節構造	128
	t-k音と s-k音の 対照	128
	ツキ棒と カナスキ〔金鋤〕	129
	ツクシ〔土筆・筑紫〕の ナゾとき	130
	t-音と s-音の 交替例	132
	おわりに	133

16 スミノエ神は Mr. Smithだった——日漢英s-m音の 分析から　　134
 はじめに　　134
 『古事記』の 中の s-m音語 など　　135
  『記』の 中の 鉄器関連語　　『記』の 中の s-m音語
 s-m音語 と 金属精錬　　138
 s-m音の 漢語・英語　　139
  s-m音の 漢語　　s-m音の 英語
  その他の s-m音英語
 まとめ　　140

17 「アユの風」を 考える——ヤ行音の 意味　　142
 はじめに　　142
 「アユの風」は〔東風〕か？　　143
 ツキトオル 姿、ヤ〔矢〕・アユ〔鮎〕　　144
 アヤ・アユ・アユムの 共通基本義　　144
 矢が ユク 姿＝アヤ・アユ・アユム　　145
 ヤ行音が 表わす 意味　　146
  漢語の 拗音　　英語の 拗音
 Europeは、夕日の 国　　148
 むすび　　149

18 ニヒ〔新〕と ネヒ〔婦負〕——富山県の n-p音地名を 読む　　150
 はじめに　　150
 n-p音の 日本語　　150
  ナフ ものが ナハ　　ナハ〔縄〕と ナヘ〔苗〕は 同族語
  ニフの 川が ニハカに つくる ニハ〔庭〕　　ヌフ・シラヌヒ・ニヒバリ
  ネヒ郡と ツギネフヤ　　メヒから ネヒへ
 n-p音の 漢語　　155
 n-p音の 英語　　155
 むすび　　156

19 ヤ〔矢・屋・谷・哉〕の 系譜——日本人の 宇宙観を さぐる　　158
 はじめに　　158
 あれヤ、これヤ　　158
  イタヤグシは 矢か、串か？　　ヤマトの 語源
  ヤスミシシと ヤミシシ　　トブヤトリの 歌
 ヤ行音が 表わす 意味　　161
  ヤ音が 表わす 意味　　ユ音が 表わす 意味
  ヨ音が 表わす 意味　　ヤ行音の 2音節動詞
  ヤ〔谷〕の 用例　　宮河は、もと ミヤ〔御矢〕川か？
 むすび　　164

あとがき　　166

まえがき

『コトダマの 世界…「象形言語説」の 検証』（社会評論社・1991）を 刊行してから、たちまち 四半世紀の 年月が すぎました。そのあいだに、時代は 20世紀から 21世紀に かわり、わたし自身も 97歳の老人と なって いました。

おおぜいの方々に応援していただいたおかげで、「象形言語説」を 検証する作業は、予想していた より 順調に すすみました。この本を出したあと、「象形言語説」の 視点から 日本語・漢語・英語の 音韻構造を 比較した 作品を 雑誌「教育・文芸とやま」（富山県教職員厚生会・年刊）に 投稿してきましたが、1996年からはじまり、途中2年間（2001～2002）休止、2016年まで計19回となります。97歳という年齢のことも 考え、これを一括し、『コトダマの 世界 II』として 刊行する ことに しました。作品は、発表年度順に配列、計19章と します。今回は、サブタイトルを省略しましたが、もしつけるとすれば、「『象形言語説』の 展開」と 呼んでいただける内容になっているかと思います。

それでは、これら19章の中で、「象形言語説」がどのように「展開」されたのか、具体的に見てゆきましょう。

第1章のタイトルは「ヒミコ・ミコ・MAGICIAN」日本語のミコ【御子・巫・皇子】と 英語のmagicianをとりあげ、いきなり同源説を展開します。読者のみなさんはただビックリされるだけかもしれません。わたくし自身、最初から100％の自信をもって議論をすすめたわけではありません。小論の中でもご説明したとおり、1993年に Victor H. Mair 教授からの助言で、『A.H.D.』（アメリカの遺産・英語辞典）フロク「インド・ヨーロッパ語根とその派生語」を利用しはじめ、思いついた日本語音を、かたっぱし英語音と比較。一気に『スミノエ神はSMELTINGの MAGICIAN…スミ・シム・SMITH…古代日漢語音の中に4インド・ヨーロッパ語根をさぐる』を自費出版した、そのころの作品です。

第2章「三巴紋とは…」これは少し異色ですが、第4章「越と腰と年越し」以下、最終章「ヤ【矢・屋・谷・哉】の系譜」にいたるまで、すべて日常生活の中で使われている日本語（ヤマトコトバ）について、「象形言語説」の視点から議論をすすめています。

ややくわしく分類していえば、第4章「クルマ＝サイクルのカラク

リ」をはじめ、多数の章で、民族語のワクをこえて共通する「k-r音、p-k音、k-k音、p-r音、w-k音、k-t音、s-m音などの基本義」をさぐっています。

　また、第3章「越と腰と年越し」や、第15章、18章では、郷土史や伝承などに出てくる地名の語音「k-s音、t-k音、s-k音、m-p音、n-p音」について、それぞれの基本義をさぐっています。

　そして、これら具体的な各論にささえられて、第10章「『64音図』のすすめ」、第14章「日本語の世界戦略」など、やや総論的な言語政策論を展開する構成になっています。

　さて、いま日本の言語教育の現場では、「小学校からの英語学習」が実施され、中学・高校の英語学習についても、「聞く力」「話す力」が強調されています。

　「聞く・話す能力」とは、「その民族言語がもつ音韻感覚をどれだけ習得できているか」ということ。つまり、語法・文法以前の問題として、「どんなオト（音声言語）を聞いて、どんなモノ（事物の姿）を連想できるか」が問題になります。したがって、学習者の「聞く・話す能力」の開発・向上をはかるには、なによりまず指導者が「日本語と外国語との音韻比較研究」をすすめ、効果的な「音韻感覚学習指導法」を習得できていなければなりません。

　ところが、日本の大学などでは、日本語と外国語との「語法・文法にかんする比較研究」は花ざかりですが、「音韻にかんする比較研究」はめったに見あたりません。この実態から見て、文科省は、「聞く・話す能力の向上」というお題目をとなえるだけで、その目標を達成するために必要な「基礎的・原理的な研究」や「技術的な研究」（学習指導要領の作成など）を準備してこなかったということになりそうです。文科省当局だけではなく、日本語（国語）をふくめて、言語教育関係者の責任が問われる問題かと思われます。

　それでは、この先どうすればよいのでしょうか？　まずは、現実をしっかり見きわめること。いわゆる「常識」を見なおし、「コトバの役割」「モジの役割」などについて、とことん議論してみましょう。イズミ流の視点からは、「コトバはコノのハ、カタリのワンカット」などを提案したいところですが、とにもかくにも、さまざまな提案や反論が出されることを期待しています。

さしせまった課題として、「『50音図』にかわる『21世紀版日本語音図』の作成」や、「日本語と外国語との音韻比較」などが考えられます。いずれも、まずは世界水準にあわせた言語観で作業をすすめることが必要です。「日本語と外国語との音韻比較」には、インド・ヨーロッパ語の例にならって、まず等質の比較資料（語彙）をえらび、等質の規準（土俵・モノサシ）で比較しましょう。それぞれの試案を持ちより、みんなで議論しましょう。ダメで、もともと。失敗は、成功のもと。数年かければ、かなりの客観性・論理性を持った資料がえられることが期待されます。順調にすすめば、「日本語（ヤマトコトバ）が人類の言語体系の中で占める位置関係」があきらかになるかもしれません。
　最後にひとこと、オマジナイをとなえておきましょう。「ナセバ、ナル！」（やれば、できる！）

1
ヒミコ・ミコ・MAGICIAN
―「最古の墨書土器」によせて―

1.「十」は「巫」

　「日本最古の墨書土器」発見のニュースは、ご記憶の方も多いことと思います。96・1・21号の北日本新聞がカラー写真入りで、次のように報道しました。

　　三重県一志郡嬉野町の片部遺跡で、四世紀前半（古墳時代前期）の土器から、墨で書かれた「田」とみられる文字が見つかり、検討委員会（委員長・水野正好奈良大学長）と同町教委は20日「日本で書かれた最古の文字」と発表した。これまで最古だった五世紀中期の稲荷台1号墳（千葉県市原市）の鉄剣の銘文より約100年以上さかのぼるとともに、「日本の文字文化の広がりは五世紀中期以降」とされてきたこれまでの定説を覆すもので、水野学長は「伊勢湾の後背地として重要な地域なので、早くから文字が伝わったのかもしれない」と説明している。

　「学会の定説をくつがえす大発見」は、考古学関係者にたいへんなショックだったようです。しかし門外漢のわたしには、それから約1か月半後の続報（96・3・9）の方が、もっとショッキングでした。「巫女を表す文字か……墨書土器に新解釈」というミダシの記事でした。

　　（片部遺跡出土の墨書土器について）シルクロード学研究センターの寺沢薫さんが、興味深い説を「古代学研究」の最新号（133号）で披露している。発見された文字は四隅が開いているところから当初から、「田」ではなく、「虫」や「中」ではないかという説が出た。この土器を実見した寺沢さんは筆づかいを分析、（各辺の長さがまちまちなのは）「おそらく『十』字を基調として、各先端に横線を付している」ためという結論に達した。この記号は土器の年代より古い時代の日本に例がある。弥生時代後期から古墳時代初頭にかけて、西日本を中心に見つかっている小型倣製鏡

と呼ばれる一群の鏡があり、鏡の裏に、よく似た文様があった。従来は意味のない記号と考えられていたが、寺沢さんは、古代中国の甲骨文や青銅器に刻まれた文字から、「巫女（みこ）」を意味する文字と突き止めた。

かりに寺沢説にしたがって、この土器に書かれた文字が「巫」ミコだということになれば、それこそわたしが昨年からとりくんでいるテーマそのものであり、音韻面からのわたしの仮説が考古学的な資料でうらづけられることになります。うれしいことですが、話がうますぎて安心できません。ぜひその「古代学研究」133号を入手して、寺沢説の内容を具体的にたしかめたいと考えました。そこであちこち照会したあげく、県埋蔵文化財調査事務所山本正敏氏のご好意で、寺沢さんの〈研究メモ〉、「それは『田』ではない」のコピーを手にいれることができました。

一読して、それはまさに期待どおりの内容、いや期待以上に教えられることのおおいものでした。＜論文＞ではなく＜研究メモ＞となっていますが、それだけ専門外のわたしにもわかりやすい文章でした。「期待どおり」というのは、次のような部分です（付図参照）。

図1　最古の墨書土器略図（寺沢薫「それは『田』ではない」『古代学研究』133）

図2　墨書(?)文字の筆跡（下が口縁端、寺沢氏のスケッチによる）（同上）

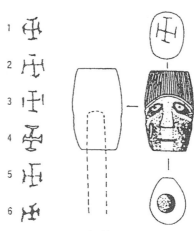

図3　「巫」字の例（同左）
〈右〉陝西省扶風県出土の人頭像
〈左〉「巫」字小型倣製鏡の字体
　1 青谷遺跡鏡　　2 足守川加茂B遺跡鏡
　3 中田南遺跡鏡　4 余野遺跡鏡
　5 山ノ上遺跡鏡　6 亀井遺跡鏡

（「十」については）意味不明の文様などではなく、古代中国の甲骨文や西周青銅器に付される意味ある「十」＝「巫」であると考えた。さらに最近、新たに、中国の雑誌に掲載された論文を通じて、以前に陝西省扶風県召陳の西周官室建築遺跡で、頭頂部に「十」字を刻んだ貝製の人頭像が出土していたことを知った。人頭像は西周晩期の建築物の廃棄の際に形成された焼土層中で発見された2体のうちの1体で、沈氏は中国古代の巫祝「西王母」との関係を示唆している。

そして「期待以上に…」というのは、たとえば次のような部分です。

その後、私は銅鐸のⅠ形具をもつ人物も実は、「十」の十字構成要素の原体である大地に地霊（力）をおとすための呪具（Ⅰ＝「工」字）をもつシャーマンであると考えるようになった。つまり、弥生時代中期後半の銅鐸にはⅠ（工）字が、続く後期の小型倣製鏡には十（巫）字が、地霊を奮いたたせるための一種の霊振りのための呪具、あるいはその行為をとり行なうシャーマンそのものを表わす意味のある文字として刻まれた可能性を考えたのである。

2. myag 巫は magician

＜寺沢メモ＞は人頭像の図解を紹介し、「註記」で尹盛平論文「西周蚌雕人頭像種族探索」（『文物』1986年第1期）をあげています。この「『十』字を刻んだ人頭像の図解こそ、わたしがもっとも「期待」していたものです。それは、わたしが数年前に目にしており、昨年の学会で研究発表に引用させていただいたからです。(1)

1993年12月、ペンシルバニア大学教授 Victor H. Mair さんから二編の論文コピーが送られてきました。そのうちの一編が "Old Sinitic Myag. Old Persian Magus, and English 'Magician'", Early China, 15, 1990, 27.47 です。この論文は次のような文章ではじまっています。

周初期の遺跡で、まさしくコーカサス系あるいはヨーロッパ系の容貌をした2体の人形が最近発見された。これは紀元前千年紀の前半において、東洋と西洋のあいだに相互交流があったことのおどろくべき明白な証拠といえよう。とくに興味ぶかいことに、

人形の一つは頭の上にはっきりと「十」の符号が刻まれており、これは彼がミコ巫wū<myagだったことをしめしている。1960年秋、周王朝発祥の地周原の地域、陝西省西安の西60マイルの扶風にある西周王宮で作業していた考古学者たちが、貝殻に彫刻した二個のちいさな頭像を発見……この頭像は紀元前八世紀の初期のもの……ヘアピンのかざりとして使用されたものと推定される。(2)

寺沢メモおよびMair論文が共通して論拠としている資料が前記尹盛平論文であり、「『十』字を刻んだ人頭像の図解」です。尹盛平論文にはこうあります。

　　この人頭像 (T45:6) の頭頂部断面に、西周時代の文字「十」(巫)が刻まれていた。これら西周晩期人頭像の発見で、西周時代におけるわが国と西域との交通往来や文化関係の研究にとって貴重な実物資料が提供された……頭頂部に西周文字「十」(巫)が刻まれていたことは、この頭像が周人の使用したものであり、また加工によって周人の文字を刻みつけたものであることを証明する……頭像の容貌にはモンゴロイドの特徴がまったくみられない。面長な顔、高い鼻、くぼんだ目、うすい唇など、まさしくヨーロッパ人種によくにている。

以上引用した尹論文およびMair論文であきらかなように、西周遺跡出土の人頭像に刻まれた「十」の記号を「巫」と解読することについては、中国はじめ世界の研究者のあいだで、まったく異議がないようです。

Mair論文がとりあげているのは、そこからさきの問題です。「周初期の遺跡」「コーカサス系あるいはヨーロッパ系の容貌をした人頭像」「頭頂部に『十』の符号という一連の事実を、「紀元前千年紀の前半において、東洋と西洋のあいだに相互交流があったことの明白な証拠」と認定し、さらに漢語myag巫wūの語源を古代ペルシャ語magušにもとめ、原始インド・ヨーロッパ語の語根maghから漢語myag巫誕生までの経過を次のように推論します。

①原始インド・ヨーロッパ語（IE語と略称）は「能力のある」を意味する動詞maghをもっていた。
②イラン人たちは地方のことばの学習を通じて、これをうけついだ。
③イラン人たちは、maghuあるいはmaguš（magcian、宗教儀式に

おける能力のある専門家）というコトバをつくりだした。
④イラン語を話す人びとの中で、有力なmagesたちの何人かが中国国境に到達した。
⑤中国の支配者たちは彼等の能力に感銘をうけ、その協力をえて、maghuあるいはmagušをmyag「巫」＝「巫」として借用した。

3. マガタマ・マジナヒ・magic

　Mair教授は考古学や言語学・音韻論からの情報資料を総合して、「漢語myag巫wū、ペルシャ語maguš、英語magician同源説」を展開しました。また（寺沢メモ）は、こんど発見された「日本最古の墨書」が「『巫』＝『巫』」と解読できることを指摘しました。ただし（寺沢メモ）は、「『巫』字を、はたして漢字といってよいかどうかは今は問わない」とし、この記号が当時どんなコトバ（語音）でよまれたかの問題にはふれていません。考古学の立場からは当然の限界かもしれませんが、音韻論の立場からはそれがいちばんの問題です。わたしはMair説と寺沢節をくみあわせ、おもに音韻の面から「漢語myag巫、英語magician、日本語ミコ・マグ・マガタマ・マジナヒ同源説」をとなえます。
　ユーラシア大陸のどこか、たとえばMair説のように古代ペルシアあたりで、magušたちがいろんなmagicをおこない、古代中国の宮廷でmyag巫として亀卜などの巫術をおこない、四世紀には日本列島までたどりついていた。そんなふうに考えると、問題がかなり整理されてきます。そのとき日本列島に上陸したと考えられるのは、マジナヒ（巫術）をとりおこなうミコ［巫］その人、および無形文化財としてのマジナヒ行為そのものです。そしてもうひとつの無形文化財として、ミコ・マジナヒ・マジワザなど技術的・専門的な用語が、これと同時に、あるいはその前後に日本に伝来したと考えられます。こんど発見された「日本最古の墨書土器」は、この問題に関する重要な証言とみることができます。
　＜寺沢メモ＞によれば、ミコ・マジナヒのたぐいの事物が「最古の墨書土器」以前から日本に存在したと考えられます。またその結果、

上代日本語の段階で、かなりまとまった｛M-K(G)｝音語グループができていたと推定されます。ここで上代日本語の中から、ペルシャ語maguš、漢語myag巫wū、英語magicianなどに対応する可能性のある語をひろいあげ、具体的にチェックしてみることにしましょう。まず漢語myag巫wūとその周辺の語について、『学研・漢和大字典』の解説をみます。(3)

巫…ム(呉)・ブ(漢)・mluag＞wū(上古推定音は学者により多少表記法が異なる……引用者)。舞や音楽で神を招いて、神仕えをする人。信仰と生活の結びついた古代には巫は王と同等の聖職であった。

舞…ム(呉)・ブ(漢)・mluag＞wǔ舛センは、左足と右足を開いたさま。舞は「舛＋音符無」の会意兼形声文字。幸いを求める神楽の舞のこと。巫(神前で舞って神に幸いを求めるみこ)・慕(求める)と同系のことば。

無…ム(呉)・ブ(漢)。mluag＞wú甲骨文字は、人が両手に飾りを持って舞うさまで、のちの舞の原字。無は「亡(ない)＋音符舞の略体」の会意兼形声文字。蕪(茂って見えない)・舞(ない物を神に求めようとして、神楽をまう)などと同系のことば。莫mak(ない)は、無の語尾が-kに転じたことば。亡mlang(ない)は、無の語尾が-ngに転じたことば。

武…ム(呉)・ブ(漢)。Mluag＞wǔ戈(ほこ)十止(あし)の会意文字。戈をもって足で堂々と前進するさま。ない物を求めてがむしゃらに進む意を含む。慕(求める)・摸(さぐる)・騖(馬がむやみに前進する)・罵(むやみにつきかかる、ののしる)などと同系のことば。

このようにみてきますと、漢語myagの姿は「ミコがマガタマを手に、目にみえない神の心をマギもとめてマフ」姿ということができます。

　さて、英語magicianの語源は古代ペルシャ語maguš(占星術師・魔術師)だとされています。A.H.D.でmagicianの語根magh-とその派生語を調べてみましょう。(4)

magh-（to be able, have power.)　＞ may, might, main, machine, mechanic, magic, magus (mighty one)

　magic, magicianの語源が古代ペルシャ語magušで、語根がmagh、

基本義が「力がある」とされていることは、漢語のmyag巫や日本語のマグ［覓・求・曲］、マジナヒ［呪］などと音義ともよく符合します。現代英語音may, might, mainなどでgh-音が脱落しているのは、現代漢語音巫wū、舞wǔ、無wú、武wǔでもおなじ現象。mechanicがmek-音なのも、日本語でミコがmik-音（清音）なのとおなじと考えてよいでしょう。

4. ヒミコ・ミコ・magician

　magicとは、ちょっとしたシカケです。日本語ではマガコト。「直線だけでは芸がないので、端をすこしマゲて道具として使うこと」上代語でマケミゾ（儲溝・池水の溢れる時の用意にあらかじめ掘り設けられた溝）という、そのマケがmagic, mechanicです。曲線をきらう人たちは、マガコト＝悪事と決めつけますが、マガタマ・マジナヒなどの語にマガマガしい力magical powerを感じとる人は、現代でもすくなくないでしょう。

　『魏志倭人伝』にでてくる卑弥呼ヒミコが巫ミコだったことは、「鬼道に事ツカエ、能く衆を惑わす……」などの記事からもあきらかです。「卑弥呼」という漢字はもともと当て字で、直接なんの意味もあらわしません。意味をさぐるテガカリは漢字の字音だけです。それで漢字音が甲類か乙類かの問題もでてきますが、「卑弥呼」はいずれも甲類、ヒミコ［日御子］と同じカナヅカイです。上代に「巫」をミコとよんだ用例はみあたらないようで、『国語辞典』も「ミコ・御子・皇子」の例だけをあげ、「ミ［御］……接頭語。畏敬の念をもって物を指すときに用いる。天皇・皇族の物、神に関する物など」と解説します(5)。つまり、ミコ［巫］は「（神の）御子・皇子」、ヒミコはヒノミコと解されます。じっさい、アマテラス（日神）をまつる伊勢神宮には天皇のミコ［皇子］がミコ（巫＝神の御子）としてつかえるのが例です。天皇がヒノミコとよばれ、民衆の尊敬をあつめているのは、ヒミコ……アマテラス……オキナガタラシヒメ（神宮皇后）の時代から日本列島に伝統的な社会現象と考えてよいでしょう。

　マガタマ・マジナヒ同源説への反論として、mag-とmaz-と語音が

ちがうから同源でないという議論がありますが、それはまちがいです。mag-音は、そのあとに-i母音がくると、しばしばmazi-に変化します。英語では magma, magnet, magus の-g-音が magi, magic, magician の-dz-音に変化します。マガフ［乱・紛］（動四、下二）がマジハル［交雑］（動四、下二）、マジフ［交雑］（下二）に変化し、マカナフがマジナフに変化するのも、おなじ原理、おなじシカケ（magic, mechanic）によるものです。

5.「常識」という名の仮説

「日本語や漢語はIE語と別系統の言語だから、音韻対応関係はありえない」というのが、「学界の常識」だそうです。しかし、この常識は、それ自体ひとつの仮説であり、まだ証明されていません。「学界の常識」だった天動説がやぶれ、地動説があらたな常識となった例もあります。

1991年わたしが『コトダマの世界』(6) を発表したとき、学界の主流が「とるにたらない通俗語源説」として無視する中で、志田延義先生が「論議に事欠かない意欲的な新著」(7)、司馬遼太郎さんが「一読してじつにおもしろいと思いました。音が、心理的に象形的な意味をもってゆくというのは、よくわかります」(8) などと評価してくださいました。また1993年Mair教授から激励と助言の手紙をいただき、アメリカやヨーロッパで、古代IE語と古代漢語と交流の足跡を追求する仲間がいることを知りました。そして1995年、「スミノエ神はSMELTINGのMAGICIAN」のサブタイトルで『スミ・シム・SMITH』(9) を刊行しました。これまで「学界の常識」に反するからと無視されてきた仮説が、やがて「21世紀の常識」になるかもしれない。そういう時代の流れを感じています。

［注］
(1) イズミ・オキナガ「マグ［曲・覓・巫］・マジナヒ・MAGICの系譜」1995・10
(2) V. H. Mair著、イズミ・鴨原共訳「古代漢語MYAG、古代ペルシア語MAGUSと英語"MAGICIAN"」1995・1

(3) 藤堂明保編『学研・漢和大字典』1978
(4) 『AMERICAN HERITAGE DICTIONARY OF THE ENGLISH LANGUAGE』THIRD EDITION. 1922
(5) 『時代別国語大辞典・上代編』三省堂、1967
(6) いずみ　おきなが著『コトダマの世界…象形言語説の検証』社会評論社、1991
(7) 志田延義著「『コトダマの世界』を読んで」北日本新聞、1991・10・17
(8) 司馬遼太郎、松崎博氏宛私信、1991・11・27
(9) いずみ　おきなが著『スミ・シム・SMITH……古代日漢語音の中にインド・ヨーロッパ語根をさぐる』1995・4

『コトダマの世界』を読んで

志田延義

　ここに紹介する『コトダマの世界』は、著者が象形言語説を立て発表してから二十一年の歳月をかけ、検証を固められた注意すべき産物だ。

　日本語の音は原則として一母音もしくは子音と母音との結合になる単位で成り立っており、その一音で特定の意味を示し得るものが限りなくあり、例えばナ（菜・魚・肴）（名・字）（己・汝）（何〈ナに〉）などが「さかナ」「たかんナ（筍）」「ナベ（鍋）」・「ナむぢ」・「ナれ」・「ナぞ（謎）」などと複合語を作っていくので、江戸時代には、五十音図の各音もしくは各行に特定の意義をみようとする音義説あるいは言霊論が行われたが、近代国語学・言語学ではこれを非科学的として顧みないことにした。

　しかし、上代特殊仮名遣といって、上代には「キ」「ケ」「コ」など十三の仮名にそれぞれ甲・乙の別があり、例えば子・蚕・粉・籠・小・越すのコなどは甲の仮名、此・処・木・心のコ・言や事のコ・腰のコなどは乙の仮名で、それらは当時の発音の違いを表すことなどが明らかにされ、上代の漢字音も次第に確かめられるようになり、上代語の意義がより正確にとらえやすくなった。いずみさんの象形言語の仮説は、この新しい科学的の道具をも活用して、音義説・言霊論を科学的に再構築することを目指したものだ。

　「コトダマの世界」は、「コトダマ発生のメカニズム」と「コトダマの世界」の二部より成り、象形言語が成り立つ限り、日本語だけにある現象ではないことを、本来の専門である中国語の上代漢字音と古事記などの上代国語音との通い合う象形から英語音による象形にまで及んで論じてある。その間に力説されるニ（丹）フ（生）の山川、キ（杵）・サク（折・削）・スク（鋤・宿）、サク（削・割）、サ（矢）、スクナ（鋤刃）神、カツ（勝・割）・クツ（杳・掘）、マク（娶・蒔）とマキ（牧）などは、第二部の鉄利器伝来の影がこれらの語いの形成を招来した時代的相関を示すことを確認させる史論ともなる。そして最終的に記紀の神話伝説に展開される上代太陽信仰の系譜のロマンを展開するエッセーともなっている。検討資料としてn～t音の日本語から/p（f・b）～n/音の漢字に至る十四の付表も添えられている。

　論議に事欠かない意欲的な新著だと言えよう。

（北日本新聞社　1991年10月17日付）

2
三巴紋とはナンゾなもし？

1. 中国青銅器の三巴紋

　ふとしたことで三巴紋をおいかけるようになって、もう１年あまりになります。まえから中国や日本の瓦当文（軒先瓦の紋様や文字）に興味があり、日本の家紋や神社紋などもしらべているうちに、三巴紋とであいました。おなじ紋章でも植物や動物のデザインでしたら、そのデザインからすぐ紋章の意味をさぐることができます。しかし三巴紋はかなり抽象的なデザインです。なぜトモエ紋なのか、なぜ三つのトモエなのか、ナゾだらけです。まいにち「三巴紋とはナンゾなもし」と考えつづけてきました。

　瓦当文でもそうですが、中国紋様のデザインは左右対称が基本で、そこにでてくる吉祥語句も、２字・４字など偶数が基本です。それにくらべて日本では、奇数がよろこばれます。その点からも、奇数の三巴紋は日本独特の紋様にちがいないと信じこんでいました。じつはそうでもないらしいとわかったのは、昨年夏のことです。

　夏休みに杭州・蘇州をまわってかえりみち、上海博物館で古代青銅器を見学しました。その中にキ［簋］とよばれる西周早期の食器がありました（図１）。高さ18.7cm、口径18.1cm、底縦14.5cm、横14.7cm、重さ3860g。上部がまるい鉢型で、４カ所にトッテがついています。食器を手わたしする場合、たがいに両手でトッテをもったまま、安全確実に手わたしできる計算です。また下部が四角な箱型で、内側にちいさな鈴がとりつけてあります。食器が移動するたびに、鈴の音がなりひびくシカケです。

図1

「食器にして楽器をかねる」と解説されていました。

感心したあとで、「これはナンゾなもし」と思いました。青銅器の上部、トッテの両わきに、みごとな三巴紋がえがかれているのを発見したからです。正面からみると、まんなかのトッテが鼻で、両わきの三巴紋が左右の目のようにもみえます。左右のトッテは耳の姿で、それぞれ耳輪をたらしています。これももともと動物のクビの姿です。そして台座の楽器部分には、むかいあう鳥（鳳凰）の姿がデザインされています。この鳳凰と鈴は、あきらかに王侯貴族のシンボルとしてセットされたものです。かれらの世界では｛鈴の音｝＝｛王侯貴族の命令｝＝｛心にシミわたり、行動させるもの｝と考えられていたのでしょう。

　それでは動物の目のようにみえる三巴紋は、いったいなんのシンボルでしょうか？　鳳凰＝王侯貴族の、さらにその上位といえば、もはや神以外にはありません。この食器部分は動物の顔のデザインです。現代人には気味のわるい、おそろしいケモノの顔ですが、古代人にとっては、もっとも威厳にみちた神の顔だったにちがいありません。

　日本にかえって、図録『上海博物館・中国古代青銅器』（陳佩芬、Scala Books, 1995）でたしかめたところ、この食器（鄂叔簋、図録No.38）のほか、山西省出土の編鐘（図録No.57　春秋晩期）にも三巴紋がありました。この点について上海博物館へ照会し、同館青銅研究部の名で、ていねいな解説をいただきました。要点を紹介します。

1、腹部にある８個の巴紋は火災の象形で、火紋ともいい、太陽と光明をあらわす。またこれを渦巻の象形とみて、渦紋とよぶ人もある。

2、台座の紋様はたしかに鳳凰紋だが、これと巴紋があらわす内容は別々である。したがって、それらが共通の構想によって形成されたとは認められない。

3、「鐘」（No.57）の紋様は変形獣面紋の倒置形である。この種の巴紋には、通常みられる三巴から四巴〜八巴までの組みあわせがある。

4、この紋様は中国古代青銅器に通常みられるもので、楽器だけでなく、酒器や食器にもみられ、むしろその方が楽器よりもはるかにおおい。したがって、この紋様と楽器とのあいだに、なんら必然的な関係はない。

5、日本の家紋や瓦当に中国古代青銅器とよく似た紋様があることから、中日両国文化交流の歴史がふるく、日本文化が中国古代青銅器の影響をうけたことも、十分考えられる。住吉神社の紋章も、その一例かもしれない。ただし中国青銅器の巴紋（火災の象形、太陽と光明のシンボル）と住吉神社の紋章（三柱の神のシンボル）がもつ意味は、両者それぞれ別のものであろう。

このあと『日本紋章学』（沼田頼輔、明治書院、1926）、『神紋』（丹羽基二、秋田書店、1974）などをよんで、つぎのようなことがわかりました。
1、トモエ紋は日本固有のものというよりは、むしろよそで流行したものが日本へ伝来したものである。
2、中国では殷・周時代に流行し、一〜八巴までの紋様が祭器・武器その他の青銅器に用いられた。
3、トモエ紋の起源には不明な部分がおおく、定説はない。
4、日本の三巴紋は家紋などにも用いられるが、もともと神紋であり、神社や寺院の紋章におおい。
5、日本全国の神社のうち、トモエ紋を神紋とする神社がもっともおおく、約32％、第二位は桐紋で、約8％。
6、トモエ紋の中では三巴紋がおおい。八幡宮・住吉神社・鹿島神社、金剛峰寺など（とくに修験道関連の寺社）。

2．ウェストンと三巴紋

ことしはじめ、たまたまみていたテレビの画面で、ウォルター・ウェストンの『日本アルプス・登山と探検』という本の表紙が紹介されました。そこに三巴紋がえがかれているのをみて（図2）、また「これはナンゾなもし」と思いました。それは上から順に、まっかな太陽・三つ峰・三巴紋・丸東の文字をデザインしたものでした。ウェストンといえば明治時代にイギリスからきた宣教師で、日本アルプスを世界に紹介した登山家・

図2

探検家です。そのウェストンが、どうしてじぶんの本の表紙に三巴紋をとりこんだのか、それがフシギです。いつ・どこで三巴紋とであい、どんな感動をうけたのでしょうか？　本のマエガキかどこかに、このデザインの「説明」があるはずです。なにはともあれ、まずその本をよんでみることにしました。

　あちらこちら問いあわせたあげく、廣瀬誠氏（元富山県立図書館長）に教えていただいて、県立図書館からつぎの２冊を借用、「説明」さがしをはじめました。

① "MOUNTAINEERING AND EXPLORATION IN THE JAPANESE ALPS" by Walter Weston, 1896.（日本山岳会編復刻版、大修館書店、1975）
② 『日本アルプス・登山と探検』（ウェストン著、岡村精一訳、創元社、1953）

　①が原著の復刻版で、②が日本語版です。はじめに日本語版をざっとよんでみましたが、どこにも表紙デザインの説明はみあたりません。つぎに英語（復刻）版と日本語版をくらべながらよんでみました。するとまず復刻版「序文」のあとに、つぎのような追記がみつかりました。

　　　この本の装丁デザインは、日本のおもな山岳巡礼団体の一つであるトモエ（巴）講（269頁参照）の紋章のコピーである。極東では、これらの団体が、ヨーロッパの山岳クラブにいちばんちかい。トモエ講のメンバーは数千人にのぼり、Toko-Shutoku霊神として知られる聖なる登山者を守護神と認めている（引用者訳）。

　これで「（原著）表紙デザインの三巴紋」が「トモエ講という山岳巡礼団体の紋章」であることがわかりました。また「269頁」の記事から、その巡礼団体が「御嶽山巴講」であることもわかりました。

　ウェストンは御岳山巴講の人たちを典型として、日本の山男たちの生活をくわしく紹介しています。ミコやキツネ使い、オイナリサマの話もでてきます。山男たちをみるウェストンの目は、外国で異教徒に接する宣教師としては異例と思われるほどふかい理解と愛情にみちています。

　表紙以外にも三巴紋がでてくる場面があります。「家光廟の雷神像」

（183頁）（図3）がそれです。これはウェストンが穂高山にのぼったとき、ガイドの嘉門次が地蜂におそわれ、もがきくるしむ姿が「日光にある家光廟の雷神像」そっくりだったという話です。この雷神像が、背中に一連の三巴紋（太鼓）をめぐらしています。

日本語版（創元社）では、表紙デザインが巴講の紋章からチューリップの紋様にかわり、家光廟の雷神像も、原著にあった写真、イラスト22点（神道・仏教など宗教関係7点をふくむ）とともに姿を消しています。か

図3

わって原著になかった写真10点を追加して、巻頭をかざっています。こうして表紙や写真・イラストをとりかえ、序文から「説明」をカットした結果、日本語版はすっかり変身しました。整形手術でハイカラな顔かたちになりましたが、それだけウェストンの素顔がみえにくくなったわけです。

なお、ウェストンと御嶽山巴講との関係について、くわしくは別稿「westonとミツドモエ紋」（1997・2）にまとめましたので、ご参照いただけたらと思います。

3．福音書の三巴紋

3月に入って、『十字架と渦巻…象徴としての生と死』（大和岩雄、白水社、1995）をよみました。三巴紋が日本や中国ばかりか、7～9世紀ころのアイルランドでもみられたことを知り、またまた「ナンゾなもし」と思いました。図4は『ケルズの書』（8世紀、アイルランドの福音書写本）の「細紐人間」表現とよばれるものです（同書363頁）。ふたりの男

図4

がむきあい、たがいに両手両足をからませ、片方の足だけまっすぐ下にのびた先がウズマキとなり、みごとに二つの三巴紋をえがいています。

大和氏はこの図を、漢代の画像石にきざまれた「伏羲女媧図」（図5）とおなじ発想による表現とみています。ただ図5が交尾（性交）図なのに対して、福音書写本では、「男女の絡み合った表現はできず、男同士にしている」といいます。また、唐代の「伏羲女媧図」（新疆省トルファン・アスターナ遺跡出土）もおなじテーマで、ともに「2匹の蛇がからみつく渦巻・螺旋表現」となっています。二人が蛇体の下半身をからませながら、片手で矩（曲尺）と規（コンパス）を交換する

図5

姿について、大和氏は「このような表現で螺旋・渦巻の本質を描写している」といいます（226頁）。伏羲は中国神話の三皇の一人、女媧はその妻で、はじめて人間をうんだといわれます。このことは、イザナギとイザナミの二神がアメのミハシラをめぐってマグワイをしたという『古事記』の記事を連想させます。

図4の「組紐人間」では三巴紋が表現されていますが、図5の「伏羲女媧図」ではそれがみられません。しかしこの「組紐人間」のトモエ紋表現がただの偶然でないことは、図6のケルト十字架（九世紀、アイルランド）をみてもわかります。十字形の中心にトモエ紋（四巴）がえがかれているからです。大和氏は「中心の渦巻は四方のケルト的人物や首に向かって拡散している、十字架の四方位は秩序化された空間・時間（四方への流れ表現が時間を示している）の表現で、キリスト教的空間・時間意識をあらわしているが、このようなキリスト教十字架に円環をつけることで、異教的輪廻観を暗示している」と指摘します（235頁）。

図6

キリスト教徒でない日本人の目には、どの十字

架もみんなおなじような形にみえますが、じつはいろんな形の十字架があり、それぞれちがった意味がこめられているようです。大和氏によれば、はじめのころキリスト教は十字架崇拝と無縁でした。最古のイエス像は三世紀のもので、仔羊と牧童イエスの姿がえがかれ、十字架はありません。十字架崇拝は異教徒の信仰だったからです。それが四世紀ころに十字架が登場し、牧童イエスの姿が消えました。ローマ帝国内でキリスト教が公認されるとともに、教会側も異教徒の信仰形態だった十字架を公認したわけです。

　正十字形のギリシャ十字架を否定してタテナガのラテン十字架がうまれ、これに円をつけることでケルト十字架がうまれました。つまりケルト十字架には、キリスト教に改宗するまえの、ギリシア的な生命観・宇宙観がこめられているというわけです。

　日本の家紋などでも、丸に十あるいは卍の紋章があります。十字形（または丸に十）は、宇宙を四等分する姿（東西南北の四方向）とみることもでき、また「十＝卍」として「生々流転」「生と死をくりかえし回転する」姿とみることもできます。つまり、ギリシア十字架の正十字形やケルト十字架の円環などとよく似た発想とみられます。

4. トモエ紋の意味

　大和氏は、三巴紋などトモエ紋に直接触れていませんが、つまるところトモエ紋は渦巻紋の一種であり、渦巻紋は古代から東洋と西洋の区別なくみられます。ヘビがトグロをまく姿とか、ヒトダマの姿とか、いろんな解釈ができますが、基本的に渦巻の姿とみてよさそうです。二つの潮流がぶつかりあうところに渦巻がうまれ、たくさんのサカナが集まります。そこはヒトが多くのサカナを手にいれるところでもあり、ウズにマキこまれてヒトが死ぬところでもあります。渦巻は生と死と両方のシンボルです。

　渦巻紋は日本でも、縄文時代から土器や土偶にみられます。大和氏によれば、当時ひとつひとつの土器や土偶は、それぞれ霊的本質をもつ、人格化された存在とみられていました。その霊的本質を強調するものが渦巻紋です。土偶の渦巻紋は乳房や子宮のあたりだけでなく、

2 三巴紋とはナンゾなもし？

図7

裏面にもよくみられます。図7は縄文後期前半のハート型土偶（福島県三春市柴原遺跡）で、表裏ともに渦巻紋があります。乳房や子宮など表面の渦巻紋は多産・豊穣をねがうイノリ、そして裏面の渦巻紋は「（出産など）生と背中あわせにある死」をおそれるイノリとみられます。

渦巻紋は、紀元前三千年紀前半から中葉の中国馬家窯文化にもみられます。図8は、馬家窯類型に属するツボの紋様の展開図です。渦巻紋は、2つの潮流（｜と―）がぶつかりあう時にうまれる幾何学的（力学的）

図8

紋様です。それは平面的な同心円ではなく、立体的なラセン状回転イメージです。回転する方向は、2つの潮流のバランスによって時計まわりになったり、反転したりします。図

図9

9も同類型盆の内がわの紋様で、中心に正十字形があり、そのまわりに卍形（渦巻）をくりかえす姿です。図10は漢代の「太極河図」で、まんなかに河図（四角の中の十字形）があり、そのまわりに二巴がセットされています。二巴の渦巻によって河図が回転することを表現しています。それは図6のケルト十字架ときわめてよく似た発想です。

こうしてみてきますと、中国古代青銅器の三巴紋と、ウェストンの本の三巴紋と、アイルランドの福音書の三巴紋と、みんな一つにつながってきます。八幡宮や金剛峰寺などでの三巴紋ともつながります。ウェストンが自分の本の表紙を三巴紋でかざったのも、「トモエ講」など山嶽巡礼者たちと共感できるなにかがあったからです。

縄文時代土偶の渦巻紋（図7）にくらべれば、馬家窯類型ツボの渦

巻紋（図8）や中国古代青銅器の三巴紋（図1）が、あまりつよく「呪的・宗教的な意味」を感じさせないことは事実です。しかしまったく「呪的・宗教的な意味」をもたない「単なる紋様」だったとも考えられません。「太極河図」（図10）をふくめて、トモエ紋や渦巻紋には、それぞれの時代社会の生命観・世界観・宇宙観、そして理想社会へのイノリがこめられていたと考えられます。

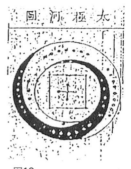

図10

　三巴紋とはナンゾもし？　三巴紋のルーツをたずねて、ようやくここまでたどりつきました。お遍路さんの霊場めぐりでいえば、四国四十八か所のうち、ほんの二、三か所まわったところでしょうか。このあと、トモエの語源、二巴や四巴とのちがい、修験道や能楽との関係など、まだたくさんの霊場をまわらなければなりません。どこまでゆけるか、自分の足にあわせて、ボチボチ歩きつづけたいと願っています。

3
越と腰と年越し

1. 三十年越しの課題

　まずはおはずかしい話からはじめさせていただきます。1996年4月、廣瀬誠先生が桂書房から『越中萬葉集と記紀の古伝承』を出版されました。その中にこんな記事がのっています（417頁）。

　　　昭和43年、イズミ・オキナガ（泉與長）氏が「越の国のコシは腰で、越は本州の腰にあたる」など一連の奇説を発表されたのに対して、私は猛然と反論し、上代仮名遣の甲類乙類の相違を持ち出し、両者数回にわたって『北日本新聞夕刊』紙上で論戦した（その二十数年後、イズミ氏は『コトダマの世界―象徴言語説の検証』を著作され、その一冊を私に恵与された）。

　事実経過はほぼそのとおりで、当時私は上代カナヅカイについて、ほとんど知識がありませんでした。その私がこの論戦に参加する気になったのは、一種のうぬぼれからです。それまで30年ほど漢語（中国語）とつきあってきて、私はあるていど漢語の音韻感覚をつかめたと感じていました。日本語と漢語では音韻感覚がまるでちがいますが、それは表面だけのこと。根っこの部分（私のいう象形言語の段階）では、案外に共通の感覚がはたらいています。それでたとえば『古事記』（倉野憲司校注、岩波文庫、1963）をよむのに、目で漢語のジヅラをおいかけるだけの方法をやめ、耳でじぶんの声をききながらよむようにします。すると、脚注に『語意未詳』とされている部分まで、ひとりでにすっきり解釈できたりして、気をよくしていました。いまふりかえってみて、まだまだ学習不足でした。

　さて、この論戦で白旗をかかげたあと、あらためて上代カナヅカイの学習にとりくんでみると、甲乙の区別はかなりややこしい半面、たしかに便利な点もあることがわかりました。たとえば「コノカニヤ、イヅクノカニ…」ではじまる歌（記応神、No.43）の中に「マヨガキ　コ

ニカキタレ」という文句がでてきます。倉野校注では「眉を濃く尻下りにかいて」と解釈していますが、『時代別国語大辞典・上代編』(三省堂、1967、以下『上代編』と略称)の解説では、こうなっています。

> コ₁　形状言。濃いこと。[考]形容詞コシの語幹…コの甲乙については、「眉画キ許ニ画キ垂レ」(記応神)の「許」を濃の意に解し、乙類とみるのが一般であった。しかし…濃は甲類と推定される。従って、古事記の例は濃と解しがたく、現場指示の代名詞コと解する説が提出されている。

「眉をコクかいて」と「ココにかいて」とでは意味がぜんぜんちがいますから、甲乙カナヅカイをおろそかにできないことが、よくわかりました。それと同時に、甲乙カナについては国語学の専門家たちでも、いろいろ試行錯誤をかさねてきたことがわかり、妙に安心したりしました。

2. 単語家族の視点

　コ₁シ[越]とコ₂シ[腰]は現代語ではまったくおなじ発音ですが、上代語の記録ではコの甲乙カナヅカイがちがうことから、発音にも区別があったと考えられます。ただし、そのちがいはコ₁とコ₂のちがい、つまり子音k-が共通で、母音-oが-o₁と-o₂にわかれるだけ。いうなれば大同の中の小異です。ただの他人同士という関係ではありません。

　そうはいっても、それは私がかってにそう信じているだけで、「そんなこと証明した人はだれもいないよ」といわれるかもしれません。コ₁シとコ₂シの語音がよくにているのは、他人のソラニか、フタゴの兄弟か、あるいはとおい親戚ていどか？　どう認定するにしても、あらためて客観的・論理的な証明が必要なようです。

　どの民族言語でもそうですが、日本語にはもともとヤマトコトバ独自の音韻体系があり、その音韻感覚にしたがって単語家族が組織され、やがて全体としての語彙体系が組織されています。上代日本語の子音と母音の結合、とりわけ名詞・動詞の音韻構造、母音交替などの実態をしらべ、そこにどんな原理・原則がはたらいているかわかれば、

やがて単語家族の組織原則があきらかになります。そしてコ$_1$シとコ$_2$シがどんな位置関係にあるかわかります。つまり客観的・論理的な証明がえられるわけです。

　「単語家族」という発想は、藤堂明保氏の『漢字語源辞典』(学燈社、1968) にならいました。また日本語の単語家族組織を考えるにあたっては、おもに『上代編』を参考にしました。そしてヤマトコトバの単音節語の分析結果を中心に、『古代日本語の構造にかんする仮説（および単語家族表）』(1969.7) をまとめました。

　この段階ではまだ仮説の適用範囲を日本語だけにしぼっていましたが、仮説のもとになる音韻感覚がもともと漢語学習の中で身につけたものですから、この仮説を日本語と漢語に適用することには自信がありました。ところが、まわりの人から「仮説というからには、日本語や漢語だけでなく、英語にも適用できるはずだ」という声があがりました。そこで仮説を一部修正して、①コトバの発生にかんする仮説、②コトバの音韻構造にかんする仮説とし、まとめて「象形言語説」とよぶことにしました。英語の語源を古代英語までたしかめる能力も時間もないまま、さしあたり中学英語ていどの単語をひろって、日本語の発音とくらべてみました。その作業結果をまとめたものが、『象形言語説による英語音韻論』(1970、7) および『象形言語説による英語学習基本語彙集』(1971.2) です。

　そのご「カツ［勝・合］とカツ［割］とcut」「ヒク［引］とヘキ［劈］とpick」など、おもに二音節日本語の語音について漢語・英語と比較する作業をつづけ、その結果を日本中国語学会の年次大会などで発表させていただきました。それらをまとめたものが『コトダマの世界…象形言語説の検証』(社会評論社、1991.9) です。

　「コシ［越］・コシ［腰］論戦」から20年あまりすぎていましたが、だれよりもまず廣瀬先生によんでいただきたいと願って、一冊おとどけしたしだいです。

　なお、廣瀬先生はこの本のサブタイトルを「象徴言語…」として紹介されましたが、じっさいは「象形言語…」です。用語としては「象徴言語」が一般的でしょうが、私は「象形文字」にならって、「象形言語」という用語をつかっています。＜人類のモジがすべて「象形」からはじまったように、コトバもすべて「象形」からはじまった＞と

考え、「象形言語説」という仮説をたてているからです。

3. コシの単語家族

　30年前に「コシ［越］はコシ［腰］に通じる」といったとき、廣瀬先生は「そんな漫才的発想では学問研究にならない」といって、私をたしなめられました。あのとき私はたしかに「漫才的発想」で読者のウケをねらっていました。研究者としての態度ではありませんでした。しかし、あとでよく考えてみると、「コシ［越］がコシ［腰］に通じる」ことを論証するには、コ$_1$シとコ$_2$シとのあいだに共通性があることを論証できさえすればよいのです。なにも100％一致する必要はありません。甲乙カナヅカイのちがいを指摘されただけで、あっさり論戦からひきさがったのは、それこそ「漫才的発想」のなごりではなかったかと、いま反省しています。

　そこでこんどは単語家族の視点から、もういちど、「コ$_1$シ［越］とコ$_2$シ［腰］の関係をさぐります。コの母音-o$_1$と-o$_2$のちがいで、意味がどれだけちがってくるでしょうか？　まず『上代編』で、コシ音をもつ語の解説をみます（傍線は引用者。また※印以下は引用者の私見）。

コ$_2$シ［腰］（名）腰。※両足の上に乗り、その上に上半身を乗せるカゴの構造。両足と上半身をつなぐカナメ。

コ$_2$シ［層・級］（名）塔などの一つ一つの層。［考］<u>人体の腰に見立てたもの</u>かと思われる。建築上の用語には<u>肘木</u>などほかにも<u>人体の部分の名称を利用したもの</u>がある。※基礎の上に乗り、その上にシンバシラ［心柱］や相輪を乗せるカゴの構造。「人体の腰に見立てる」命名法は「コトダマ感覚」。どの民族言語も、この感覚で単語家族をふやしている。

コ$_2$シ［輿］（名）こし。長い柄がついていて、人力で運ぶ乗り物。大宝令では天皇・皇后の乗り物。※人の肩に乗り、上に天皇・皇后を乗せるカゴの構造。

コ$_1$シ［越］接続語。途中の物を通して、また越えさせて、の意。→コス［越］。※＝天皇がコシ［輿］ゴシ［越］に人の肩に乗る姿。

コ₂シオビ₁［腰帯］（名）腰帯。「法師ラヲモロハキ［裙著］トナ侮リソソガ中ニコシオビ［腰帯］コモツチ［薦槌］サガレリイヤタツ時々カシコキ卿ヤ（霊異記下38話）［考］この例の「腰帯」は「薦槌」と同様に、男子の性器を暗示しているという。※「コトダマ感覚」が現代人から「漫才感覚」とわらわれそうな例。

コ₂シキ₁［甑］（名）土製の、米などを蒸す道具。今のせいろうに当たる。円い鉢型の土器で、底にいくつか小さい穴があいている。木製のものも用いられた。底にス［簀］や布などを敷いて米などを入れ、水を入れた釜の上に乗せて蒸した。［考］中国渡来のものか。皇大神宮儀式帳に見えるコソキは…コシキであると推定される…コシキの語はカシ［炊］キからできたといわれる。炊ク（四段）の名詞形が炊飯のための道具を意味することは考えられ、ア列音とオ列乙類音の交替も例が多いから、この語源説は成立の可能性がある。車輪の中央部をコシキというが、形の類似から名づけられたものか。※「セイロウ・カマ・カマド」の三層構造。「カマの上に乗り、その上に米などを乗せるカゴ」の姿。

コ₂シキ₁［轂］（名）車輪の中央にあって、筒形をなして軸を通し、矢を放射状にだしているところ。※「矢の上に乗る筒が軸を受ける」三層構造。調理器のコシキ［甑］とおなじ姿や機能をもつものとて、おなじ名でよぶ。これがコトダマ感覚。同音異義の二語と考える現代人は、これを「漫才感覚だ」とわらう。

コ₁シヂ［越道］（名）コシ［越］、すなわち現在の北陸地方へ向かう道。もしくは、北陸地方。シナザカルコシ。

コシラフ［誘］（下二）ことば巧みに誘う。［考］コシラフの原義はことばで人をいざないすすめる意であったかと思われる。平安時代の例もまだその意で理解でき、構え作る意はさらに後にあらわれるようである。※「構え作る」姿はコシ［層・級・輿］につながる。ツギツギことばをカサねて人をさそう姿。現代語で「人をカツグ」「ヨイショする」姿。

これだけコシ音語をならべてみると、いろんなことがみえてきます。まず、コ₂シ音を共有するコ₂シ［腰・層・輿］の三語は、どれも「ツギツギ・カサナル」「多重・多層の構造」という共通の姿をもっています。もとは同源の一語と考えられます。そしてコ₂シキ₁［甑・轂］

は、このコ₂シ［層］にキ₁がついた派生語ということになります。

参考までに、コシ・コシキにあてられた漢字の字形解説をあげておきます（くわしくは『学研・漢和大辞典』参照）。漢字音エウ・ソウ・ヨなどとあわせて、コシ・コシキの語源をさぐるヒントがえられると思います。

［腰］エウ…「肉＋音符要」の会意兼形声文字。両手で背柱を細くしめるさま。要・約と同系。

［層］ソウ…「尸ヤネ＋音符曽」の会意兼形声文字。曽はコシキ［甑］の原字。曽の上部八印はユゲ、中部はせいろう、下部はこんろの姿。層はツギツギ屋根をカサねる姿。上古 dzeng、現代音 ceng、ともに日本語ツグにちかい。

［甑］ソウ…「瓦（土器）＋音符曽」の会意兼形声文字。曽の原義（コシキ）をあらわす。

［輿］ヨ…「車＋音符舁」会意兼形声文字。ヨ舁は、4本の手をそろえ、かつぎあげる姿。輿は、その上に人や物を乗せるコシやクルマの台。ヨ与（いっしょにそろう）・キョ挙（そろってもちあげる）などと同系。

［轂］コク…「車＋音符殻」の会意兼形声文字。「放射状にでる矢の上に乗る筒、その上に乗る軸」の重層構造。殻（かたいカラ）・穀（穀物の実）と同系。

［越］エツ…「走（あるく）＋戉（マサカリ）」の会意兼形声文字。「からだをかがめ、ぐっと足をひっかけ、のりコエル」姿。ケツ蹶（足をカツケル）にちかい。

「コシキの語はカシ［炊］キからできた」とする語源説が紹介されていますが、コシキがカシキの母音交替だとすれば、コシ［腰・層・輿］もカシ［樫・枷］の母音交替と解釈できます。カシ［樫］はブナ科の常緑高木。ドングリの実のなる木。ドングリの実がカサをかぶる姿は、見方をかえれば、カセ、カシ［枷］の（カサをカシている）姿、またコシ［腰・層・輿］の姿です。コシラフも「コシの姿になぞらえる」でしょう。つまるところ、コ₂シ音の語は基本的にすべて同族同源とみられます。

コ₂シ音の語がどんな姿か、しだいにみえてきました。ここで『上代編』の解説によって、コ₁シとコ₂シの姿をくらべてみます。

コ₁ス［越］（動四）①越えさせる。移す。渡す。運ぶ。越ユ（下二）の他動詞。②風浪などが通過する。［考］②は天然現象を主語とする述語動詞が他動詞を自動詞風に用いる事実の一つ…「アリコスナユメ」（万2712）などのコスのコは乙類なのに、甲類の「超」字を用いるのは、この越スが来スと意味が近いための連想…

コ₂ス（助動特殊）動詞の連用形に接して、～してくれと、相手に希望する意をあらわす。［考］コスの子は「来」、須は「為」で…ソはス（サ変）の古い命令形だったとする説がある…やはり来させる、の意の他動詞コスという語があったと考える方がよい…越スとの間に語形についても意味についても混交があったと思われる。

　コ₁ス［越］は「中間地点Xを越えて来させる」ことであり、コ₂ス［来為］もおなじ姿です。コシキで米をカシク（ユゲを来させる）姿がそうです。「（来スと）越スとの間に語形についても意味についても混交があった」のは、むしろ当然のことです。

　ついでにいいますが、「コシラフの原義はことばで人をいざないすすめる意…構え作る意はさらに後にあらわれる」という解説には賛成できません。くりかえし指摘するとおり、コ₂シ［腰・層・輿］はもともと「カサなる＝構え作る」姿です。コシキは米をカシクための三層（カマド・カマ・セイロウ）構造。「うまいメシを食べたい」という願望をみたすために「コシラフ＝コシの姿にする＝構え作る」姿です。コシ・コシキ・コシラフなどの語音構造からみて、「構え作る」姿こそコシラフの原義であり、「ことば巧みに誘う」姿はむしろ派生義と考えられます。

　コ₂シ音の語はいろいろありますが、コ₁シ音の語はコ₁シ［越］以外ほとんどみあたりません。『上代編』はコ₁シ（濃）の項で、「形容詞コシの語幹であるが、コシは、形容詞としての確例を見出せない」としています。ほかに、カシとかさねたカシコ₁シ［恐・畏］（形ク）があります。古代人にとってカシの実（ドングリ）のカサは、カシ［枷］（カセ）とおなじく「あやにカシコキ」姿です。カシコ₁シのコ₁シは、コ₁［粉・子・小］シ［石］、つまり食品調理の用具（石棒・石皿など）を意味した可能性があります。

4. 年（実り）をコ（粉）ス

　ドングリなどの食材をコナにする道具がコ₁シ［粉石］だったと仮定すると、いろんなことが説明しやすくなります。コ₁シ［越］は、ふつう動詞コ₁スの名詞形として説明されますが、これも「コ₁スこと」という抽象名詞になるまえに、まず「コ₁ス道具、コ₁シ（粉石）」という具象名詞だったことが推定されます。

　日本語に「年を越す」という表現があります。このトシが「1年」という時間をあらわすまえに、「イネ・ムギ・アワなど穀物のみのり」を意味していたことは、『上代編』も指摘しています。「年を越す」とは、カシの実・トチの実・アワ・ムギ・イネなどの食材をコ［粉・子］にスル作業（脱穀・精米・製粉など）であり、それがやがて「つぎのミノリまで食料をたくわえる」「生きのびる」「新年をむかえる」などの意味に変化したと考えられます。

　石棒・石皿のコ₁シとコ₂シキ₁のコ₂シでは、一見なんの関係もなさそうですが、食品調理の道具という点で一致します。また石皿の上に食材（カシの実）、その上に石棒という三層構造をもつ点で、コシキとおなじ姿、というよりむしろコシキの原型とみることができます。

　さいごに動詞の活用形から、コとカ・キ・ク・ケとの関係を考えてみましょう。たとえば動詞ク［来］の場合、語形がコ₂・キ₁・ク・クル・クレ・コ₂と変化します。ふつう、「語幹ゼロ」と説明されていますが、共通語幹のない語形を一語とするのは説明になりません。ここはやはり、「語根k-が共通なので、母音が変化しても［来］の基本義は変化しない」と説明すべきです。また動詞カク［書］の場合、語尾がカ・キ・ク・ケ四段に変化しますが、これも語根kak-の基本義が一貫しているので、その変化は「大同の中の小異」と説明できます。こうした点からも、コ₁とコ₂、したがってコ₁シ［越］とコ₂シ［腰・層］とのちがいが、もとは「大同の中の小異」だったことがわかるかと思います。

4
クルマ＝サイクルのカラクリ

1. サイクルとシャリン［車輪］

　まえにいちど、アメリカの研究者 Victor H. Mair 氏からいただいた論文コピーのことを紹介しました（「ヒミコ・ミコ・MAGICIAN」、「教育・文芸とやま」第2号、1996）。Mair論文の要点は、次の2点でした。
　①古代漢語myag巫は、古代ペルシア語magušや英語magicianと同源語である。
　②漢語車chēは、古代音がklyagのような音で、インド・ヨーロッパ語根（以下「IE語根」と略称）kwel-（＞cult, wheel, cycle）との関連が考えられる。
　2点とも、日本の国語学会や中国学会では論議されたことがないと思われるテーマです。わたしはとりあえず、日本中国語学会年次大会（1994・10、名古屋大学）でごく簡単に紹介するとともに、知人の鴫原佑治氏と共訳で「古代漢語MYAG、古代ペルシア語MAGUŠと英語"MAGICIAN"」を作成し、関係方面に配布しました。その一方で自分なりにMair説を検討・修正して、これを自分の仮説にとりいれることにしました。論点①については、中国語学会年次大会（1995・10、麗沢大学、1996・10、関西大学）の研究発表「マグ［曲・覓・巫］・マジナヒ・MAGICの系譜」の中で、また前記「教育・文芸とやま」第2号の評論の中で、それぞれ紹介しました。」②については、おなじく学会年次大会の研究発表「クル・クルマ・車輪・WHEELの系譜」（1997・10、東海大学）、「日・漢・英の｛K-R｝音比較資料」（1998・10、熊本学園大学）の中で報告しました。
　さて、漢語のシャ車cheの古代音がはたしてklyagのような音だったかどうか、それは専門学者たちの討議にまかせるほかないでしょう。しかし日本語でも、クルクル・コロガルものをクルマといいます。

もし漢語のシャリン車輪がcycleと同源語なら、日本語のクルマだってcycleと同源語かもしれません。乱暴な発言と思われるかもしれませんが、いまの国語学界では日本語のルーツについて定説がなく、テマヒマのかかる仕事は後回しでよいと考える学者も多く、いったいいつになったら日本語のルーツや語源があきらかにされるのか、見当がつきません。考えてみれば、日本語でそだった日本人は、みんな日本語の専門家です。日本語のほかに、英語か中国語か朝鮮語か、なにかひとつ外国語を話せる日本人なら、日本語のルーツさがしに参加し、発言してもよいはずです。国語学者だけにたよっていないで、ひろく日本人みんなの問題として討論してみてはどうかというのが、わたしの提案です。

2. クルマつきのカゴ

　Mair説は、日本の言語学界の常識に反する問題提起なので、学会でも正面から反論がだされることを予想していたのですが、その予想ははずれました。研究発表の会場では、断片的な質問はありましたが、内容にたちいった質問や意見は、あまりでませんでした。また、研究発表要旨を毎回あらかじめ学会関係者など数十人の方々にお送りしている中で、おおぜいの方から礼状をいただきました。たいていはハガキで「興味深く拝読しました」「どのような論拠による立論か、いずれ拝読するつもりです」などという内容でしたが、その中に一通、芝田稔先生（関西大学名誉教授、日本中国語学会顧問）からは、便箋5枚をついやして、激励と助言のお手紙をいただきました。
　Mair説に対して、内容にふみこんだ議論がすくなかったのは、いろんな見方があったからと考えられます。第一、日本語や漢語がIEと無関係に発達してきたことは、言語学界の常識。対応関係をさぐる研究など、無視するだけ。第二、日本の漢語研究者たちは漢字・漢語について、きわめて精密な研究をつみかさねてきた実績がある。シロウトの通俗語源説や、誤解と独断による語源説に、いちいちつきあっているヒマはない。第三、欧米学者の研究には、おもしろい発想がみられる反面、議論があまり精密でないことがあり、簡単には賛成できな

い、など。

　欧米は漢字文化圏ではありませんから、漢字・漢語について、アメリカ人Mair氏の解釈が日本や中国の研究者ほど精密でないことは、当然考えられます。たとえばMair論文では、①巫Wūの上古音をmyag、②クルマchēの上古音をklyagと推定しています。巫については、『学研・漢和大字典』（藤堂明保、1978。以下『字典』と略称）でもmiuegと推定していますので、まず問題ないと思います。しかし車について『字典』はkiǎgと推定しています。kl-音の語だったとみるのは、ムリなようです。車の字形はあきらかにクルマですが、もともとkiǎgは、むしろ日本語のカゴにちかい語音で、木・竹・草などでカコム姿のハコ型容器。ハコがハコブ用具となるように、容器のカゴkiǎgはやがて、ヒトやウマがカツグ運搬用具のカゴを意味します。kiagの語音に車の字形がわりあてられたのは、クルマつきのハイカラなカゴというだけのこと。車輪の構造をあらわすには、別にシャリンkiǎg-liuen車輪chēlún（クルマのワ）という{k-l}二音節語がつくられました。

　「車chēの上古音はklyagでないから、Mair説は修正が必要」といわれれば、そのとおりだと思います。しかし、だからといってMair説が全面的にマチガイと考えるのは、それこそマチガイです。クルマ関係の上古漢語の中から、{k-l}音のコトバをひろいだし、同族関係をたどる作業の中でIE語根kwel-（＞cult, wheel, cycle）との関係をたどることができると考えられるからです。

　一つの例が{k-l-}二音節漢語kiǎg-liuan車輪chēlúnです。外来のクルマ技術をあらわす語根kwel-は、そのままの音形では漢語の音韻組織原則とぶつかり、単音節のワクにおさまりません。そこで二音節にわけ、kiǎg-liuanという上古漢語がうまれたと考えられます。

　もう一つの例が{k-l}単音節漢語glag輅lùです。『字典』は、「輅…天子の乗るくるま。路glag＞lùと同音。車＋各ラクの形声文字」と解説します。さらに路の字形は、「足＋音符カク・ラクの形声文字で、もと連絡みちのこと」と解説します。つまり、殷・周の時代、皇帝がのりまわしたクルマ（二輪戦車）がglag輅lùであり、そのクルマ用の道路がglag路lùだったことになります。

　kiǎg車とglag輅の関係は、日本語でいえばカゴとクルマの関係。も

ともとヒトの肩にのしカカリ・カカゲられるカゴが、やがて先進技術によるクルマつきカゴ（ウマにひかせるカゴ）に変身します。このカゴ＝クルマ＝glag輅は、軍用道路glag路を毎日グルグル・ゴロゴロ走ります。5里でも10里でも、ラクラク・カルガル走ります。

　このようにみてくると、kiǎg（カゴ）とglag（クルマ）との語音対照は、生産技術の変化が語音（技術用語）の変化として反映したものであることがわかります。Mair論文が車chēの上古音をklyagと推定したのは、ちょっと失敗でしたが、kiǎg車とglag輅との関係を整理しさえすれば、Mair仮説は「精密な仮説」に変身できそうです。そして、{kl-}音上古漢語が{k-l}音日本語やIE語根kwel-（＞cult, wheel, cycle）、kere-（＞course, car, chariot）などとカラミあう姿が、しだいに目にみえてきます。

3. クルマ技術のシンボル

　中央アジアでうまれたクルマ（二輪戦車）の技術は、やがて殷帝国に伝えられ、古代中華文明の花をひらかせました。コトバの面では、西方の異民族がもたらした先進的な技術用語を中心に、上古漢字がうまれ、漢字という表意文字がうまれました。車輪・各・路・輅などの漢字にみえかくれする{k-l}音は、クルマ技術のシンボルです。

　先進的な技術・文化は、かならず周囲にひろがります。西方から中国まで伝えられたクルマ文化は、{k-l(r)}音技術用語とともに、やがて日本列島まで伝えられたはずです。日・漢・英の語音と比較対照しながら{k-l(r)}音のひろがりを、もう少したしかめてみましょう。

3.1. {k-r}音日本語

　日本語の音韻体系の中で、{k-r}音はかなり発達した語音で、たくさんの語彙を組織しています。たとえば上代語の段階で、二音節動詞が、カル・キル・クル・ケリ・コルなど、カ行音五段すべてに成立しています。そして、その二音節動詞を中心に名詞・形容詞・副詞などたくさんの{k-r}音語が組織されていることがわかります。

　二音節上代語クルには、同音のクル［樞・絡・暮］三語があったと

されています。しかしこの三語は、語源的にはただ一語だったようです。

クル［樞］名。トマラをトボソにクリこませ、これを軸に、トビラがクルクル回転するシカケ。このカラクリは、自動車の車輪が回転するのと、おなじ原理。動詞クル（エグル）の名詞用法とみてよい。

クル［絡］動四。たぐる。細長いものを、手元へひきよせる。（そのため、まず）クル・エグル姿からの意味変化。

クル［暮］下二。日が没する。日が西の地平線をクル・エグル姿。その象形文字が莫で、暮の原字。

つまり、日本語のクルは、もともとクル・エグル姿をいう一語です。木や地面などをクリぬいてアナをあけたり、アナの中のものをタグリよせたり、意味・用法はいろいろですが、コトバとしては一語です。漢字で樞・絡・暮と書きわけるから三語だというのは、漢語という外国語にホンヤクすればの話で、日本語のクルは一語です。

{k-r-m}音の上代語には、カラム・カラマル・カリモ・クルマ・コロモがあります。クルマは、もちろんクルマづくりの技術用語で、クル［樞］マ「間」と解釈されます。公式化すると、こうなります。

　クル［樞］＝トマラがトボソをクル・カラクリ。
　クルマ［車］＝車軸が車輪をクル・マ［間］。
　　　　　　　＝車輪が車軸をカラム（クルム）マ［間］。

また車輪は、車軸にカラム・カラマル・コロモです。さらに、車輪のコシキ［轂］が車軸によってスリヘルのをふせぐため、中央のアナの周囲にはめる鉄のクダをカリモ［轄］といいますが、これもクルマづくりの技術用語です。このように日本語の{k-r}音は、まずクル・エグル技術のシンボルとしてうまれ、やがてクルマ・カリモなど、クルマづくりの技術用語をうみだしたと考えられます。

3.2. {k-l(r)}音漢語

漢字は、基本的に一字一音ですが、例外として、まったく別の音でよまれることがあります。音符［各］を、日本漢字音でカク・ラク・ロなどとよみわけているのが、その典型的な例です。

　カク…各・客・格・閣・咯・骼・擱・恪・喀
　ラク…絡・酪・落・洛・烙・珞・略・駱

ロ…路・輅・蕗・鷺・露・賂

おなじ一つの音符［各］が、どうしてk-、l-両方の子音でよまれるのでしょうか？前にのべたとおり「上古漢語がうまれた当時、外来の{kl-k}音をそのまま単音節語としてうけいれたが、kl-という二重子音が漢語の音韻感覚になじまず、{k-k}と{l-k}の二音節に分裂した」とする解釈があり、藤堂明保（『字典』編者）はじめ、国内国外多数の研究者が、これに同調しています。

現代漢語でも、日本語のクルクル・クルマにちかい{k-l}音語の用例がみられます。その例として、さきにご紹介した芝田稔先生のお手紙の一説を引用します。

1934〜37年間に、撫順・露天堀での作業中に覚えた鉱山用語（主として生産用具類の名称、名詞）の一つに"kulu"というコトバがあります。中国語を全然知らない私に、中国語を教えてくれたのは、最初は"不識字的煤鉱工人"（文字を知らない炭鉱労働者）たちでした。

彼らはクルクル回る道具は、すべて"kulu"という音で言い慣らしていました。例えばボーリングに用いる滑車のことも、また重量のある物体を移動する場合に、その下に敷き並べる"コロ"をも、"kulu"と呼んでいました。お説の通り、丸くて、中心を軸にしてクルクルあるいはゴロゴロ回る道具のことを、"kulu""gulu"という一語音で通じていました。坑内で使用する"トロッコ"は、"kūlū-chē"（咕嚕車）と呼びました…想像すれば、文字がない上古時代、これらの擬声・擬態語は、広く大陸で使用されていたのではないかと考えられます。

この"kulu""gulu"音について、辞典でたしかめてみました（『中日辞典』小学館、1992）。

gūlu［軲轆］①車輪。車。ころ。②転がる。轂轆とも。

gūlu［骨碌］①（湯が）ぐつぐつと沸く。②ころころ（ごろり）と転ぶ。

gūlū［咕嚕］（擬声語）①おなかがすいた時の音。ぐうぐう。②物が転がる音。ごろごろ。③水などを飲み下す時の音。ごくん。④水の音。こんこん。

gūlu［咕噜］つぶやく。ぶつぶつ独り言をいう。

gūlūlū［骨碌碌］（目や物が）くるくる回るさま。

ごらんのとおり、guluという一つの音形が①ギセイ語（ゴロゴロ）、②ギタイ語（クルクル・コロコロ）、③名詞（クルマ・コロ）、④動詞（コロガル・コロブ）などのはたらきをしています。gu［軸・咕・骨・穀］・lu［轆・碌・嚕］などいろんな漢字をあてますが、字形のちがいをこえて、gulu音語に共通なイメージがあります。おそらく、はじめはギセイ語としてうまれ、やがてギタイ語となり、さらにまた名詞や動詞に変身したと考えられます。

3.3. ｛k-l(r)｝音英語
クルマ関係のIE語根と派生語をしらべてみます。

kers- (to run) >course, current, car, career, cargo, carry, charge, chariot, carpenter.

kwel-1. (to revolve, move around, sojourn, dwell) >cult, cultivate, culture, wheel, cycle, bicycle, pole, pulley.

語根kers-は、川の水の流れcurrent、またその力で川底のイシコロがゴロゴロ・コロガル姿。おもいニモツcargoをクルマcarにのせ、カルガルとハコブ姿がcarry。天子のクルマglag輅がはしる道路がglag路だったように、car, chariotのはしる道路がcourseであり、やがて経歴career。そしてクルマづくりの技術者（大工）がcarpenterです。

語根kwel-1は、たとえばコマの姿。全身でクルクル・コロガルmove around、その一方で、コマの軸心poleは一点にとどまりますdwell。礼拝形式のcultは、もともとcultivateと同源で、スキ（ツキ棒）で地面をスキかえす（クル・エグル・ヒックリかえす）姿。cult, cultivateのクリカエシから、文化cultureがうまれます。語根kwel-1からk-音が脱落すると、wheel（クルマ・車輪）。kw-音がp-音に変化すると、pole, pulley。滑車pulleyは、poleを軸にクルクル回転するシカケ＝カラクリです。

poleは一本の棒ですから、poleで地面をクル・エグル作業も、基本は直線の往復運動です。しかしツキ棒がスキ・クワにかわるにつれて、手足や腰の動きの線もかわります。タガヤス（田をヒックリカエス）cultivate作業は、総合的にみて、曲線の回転運動になっています。

｛k-l｝と｛k-r｝のちがいは、-lと-rのちがい。字形がしめすとおり、

-lは舌先を直立させ、-rは舌先を振動（コロガル）させて発声します。どちらかといえば、{k-l}はまっすぐクリヌク姿、{k-r}はコロコロ・コロガル姿でした。しかし実際には、語根kwel-の段階で、直線運動から回転運動に変身しているので、{k-l}と{k-r}の区別はあまり意味がありません。日本語では、はじめからl-音がなく、外来のl-音もすべてr-音としてうけいれています。

4. {k-l(r)}音ギタイ語のカラクリ

　ここまで、日・漢・英{k-l(r)}音語の実態をしらべ、その組織原則のようなものを、さぐってきました。限られたスペースなので、すべての{k-l(r)}音語をとりあげることも、あらゆる角度から論議をつくすことも、できませんでした。ただ、日本語・漢語・英語、あるいはコトバそのものについて、常識のカラをやぶり、ゼロから問題をとりあげさせていただきました。

　できれば最後に、日・漢・英{k-l(r)}音語に共通する組織原則について、とりわけギセイ語からギタイ語、またギタイ語から動詞・名詞などの品詞に変身するメカニズム＝カラクリについて、つきつめた議論をしたかったのですが、スペースがありません。わたしの結論（仮説）だけを述べ、またつぎの機会をまちたいと思います。

　{k-l(r)}音語にかぎらず、語源の研究は、ギセイ語またはギタイ語の段階までさかのぼるべきであり、そこまででよいと考えます。コトバはすべて、ギセイ語にはじまり、ギタイ語に変身し、さらに名詞・動詞などの品詞に変身したと考えられるからです。そしてIE語根とされているものは、実はギセイ語またはギタイ語の段階にあるものと、私は考えています。

　IE語については、学者たちの共同研究が進み、「IE語根とその派生語」の一覧資料を、だれでも利用できるようになっています。漢語については『漢字語源辞典』(藤堂明保、学燈社、1968)『漢和大字典』(藤堂明保、学習研究社、1990)などの資料があります。ところが日本語の語根とその派生語については、断片的な資料はありますが、信頼できる総合的一覧資料はまだできていないようです。こうした基礎資料

がそろわないと、外国語との客観的・科学的な比較作業ははじまりません。日本語のルーツさがしは、まだ五里霧中のままです。

{k-r}音日本語にかぎっていえば、どんな{k-r}音語があるか、どんな語根からどんな派生語がうまれたか、あきらかにしなければなりません。この場合、単語の認定基準がまず問題です。国語辞典では、たとえば上代日本語クルを三語とするなど、品詞のちがい、自動詞と他動詞、活用形のちがいなどによって、それぞれ独立の単語とします。しかし英語の辞典では、cycle一語に「①周期。②一回転。③自転車。④自転車に乗る。⑤循環する」などの意味・用法があります。つまり、品詞のちがいをこえて、一語としています。この原則は、漢語でもおなじです。日本語の単語認定基準の方がおかしいのです。

もういちど日本語をみなおし、ギセイ語・ギタイ語をみなおし、動詞・名詞などの品詞がうまれてきたカラクリ＝メカニズムをたしかめる必要があると思うのですが、いかがでしょうか？

5

ピカピカ・ピッケル・ビックリ・霹靂
―日・漢・英の {p-k} 音語比較―

1. 井の中にヒカル神

1-1. 尾ある人、ヰヒカ

　日本でいちばん古い書物の一つ『古事記』。その「神武東征」のくだり、場所は吉野川上流のあたり。カムヤマトイワレヒコ（神武）の一行が、そこでサカナをとっていた「国つ神、ニエモツの子」に出あいます。

　そこからすこしいったサキで、こんどは井戸を発見。井戸の中に、なにかがピカリとヒカリます。井戸からでてきた男をみると、なんとシッポがはえています。名前をたずねると、「国つ神、名はヰヒカ」とこたえます。そのあとすぐ山にわけいった一行は、またしてもシッポのはえた男に出あいます。「岩をおしわけて」出てきた男が、「国つ神、名はイワオシワクの子」となのります。

　いくらむかしでも、シッポのはえた人間がいた道理はありません。シッポのように見える服装をしていた、ということでしょう。そんな服装の人なら、いまでもいます。山で木をきるキコリたち。鉱石をもとめて、あちこちの山をかけめぐる山師たち。都会の生活をすて、山に住みつく山男たち。かれらは、いつでも、どこでも腰をおろせるように、毛皮のシリアテをつけています。このシリアテとピッケルを身につけることが、山男たちの正装です。

1.2. ヰヒカ＝ヰをヒクもの

　さてそれでは、ヰヒカとイワオシワクの子は、この服装でどんな山仕事をしていたのでしょうか？　なぞをとくカギは、かれらの名前そのものにあります。「国つ神」は、身分をあらわすナノリ。「ニエモツの子」は、「水産物、農産物の担当者」という業務をあらわすナノリ。

おなじように、「ヰヒカ」や「イワオシワクの子」も、かれらのシゴトをあらわすナノリと考えられます。

ヰヒカは、「ヰのヒカ」または「ヰをヒクもの」、つまり「井戸をヒク（ホル）職人」。「イワオシワクの子」は、「岩石をオシワケル職人」、つまり「土木建設業者」。ともに「鉱山開発事業」のリーダーだったわけです。

「尾アル人」や「ヰヒカ」をこのように解釈してもよいものかどうか、という問題があります。それには、たとえば『日本古典全書・古事記・下』（神田秀夫・太田善麿校注、朝日新聞社、1962）の頭注が参考になります。

　　鉱夫や樵夫は、常に岩塊や土砂等に腰をおろすので、庇護の為に臀部に獣皮などを下げている。そういう特徴を「尾生ヒテアル」と伝えたものかともいう。

　　古来、吉野川上流地帯（丹生川の辺）は水銀の産地であったから、「井」は坑口、「光」というのは水銀のことと解すべきかともいう（同書58頁）。

1.3. {pik-} 音日本語

ここでヒク・ヒカ・ピカリ・ヒカルなど {pik-} 音日本語について、もう少し考えておきましょう。日本語のハ行音は、古くはパ行音だったと推定されていますから、ヒク・ヒカ・ヒカル・ヒカリなどは、ピクピク・ピクリ・ピカピカ・ピカリ・ビクビク・ビクリなどと同源同族のコトバだったと考えられます。

動詞ヒクについて、『時代別国語大辞典・上代編』（三省堂、1967。以下『上代編』と略称）の解説をみます。

　　ヒク［引］（動四）①引く。引き寄せる。②弓の弦を引く。③引きずる。④相手の心を誘う。⑤名詞と複合して、〜らしくなる・〜の様子をおびる、の意をあらわす。

　　ヒク［弾］（動四）弦楽器を弾奏する。弦を爪で引きかけて音を出すのでヒクという。

　　ヒク［引］（動下二）引かれる。引ク（四段）に対して、受身あるいは使役の意味をあらわす形。

ごらんのとおり、同音のヒクが別々な三個の単語とされています。

しかし実際は、三個とも「ヒ（甲類カナ）＋ク」で、基本形（終止形）がまったく同じ。ヒク［引］とヒク［弾］は、活用形も同じ。ヒク（下二。引かれる）は、ヒク（四段）からの派生用法。とすれば、動詞ヒクはもともと三語ではなく、ただ一語であり、その一語から三つの意味用法が派生した、と考えるべきでしょう。

　ヒク（弾、pick）の意味用法から、どうしてヒク（引、draw）の意味用法がうまれたか？　たとえば川の浅瀬で、アオサギがサカナをヒッカケル場面を考えてみます。
①するどいクチバシでサカナをヒク（弾、pick）。
②ヒカれたサカナはビックリ。ピクピク・ヒキつる。
③すかさずクチバシを（エモノごと）ヒキもどす（引、draw）。
　つまり、ヒク［弾］動作がヒク［引］動作と連動するので、「（エモノを）攻撃する」意味のヒクが、「（エモノを）ヒキよせる」意味をもつことになります。
　ついでに、英語pickの意味用法をしらべてみます。
pick（自）①えらぶ。②さがしだす。③（とがった物で）突く。④つみとる。⑤つついて食べる。⑥引き裂く。（他）①突く、つつく、ほじる。②食物をつつく、ついばむ。③盗む。④取り入れをする。（名）①選択。②選択された人（物）。③選択権。④一つつき、一突き、一打ち。
　このようにpickは、自動詞・他動詞・名詞の用法をもちながら、一語とされています。

2.　ピクリ・ヒックリかえる

2.1. ヒケ鳥＝ヒカレ鳥
　ヤチホコの神が、ヤキモチやきのスセリヒメにおくった歌の中に、つぎの一節があります（記・神代・No.5）。
　　ヒケ鳥の　我がヒケいなば　泣かじとは　汝は言ふとも　山との
　　一本薄　項傾し（ウナカブシ）　汝が泣かさまく……
　　（ヒカレ鳥のように、わたしが仲間にヒカレていったら、泣かないとあなたは言っても、山地に立つ一本ススキのように、うなだ

れて泣いてしまうでしょう）

　AがBをヒク姿は、そのままBがAにヒカレル姿。他動詞のヒク（引ク、pick）がそのまま受身の意味（ヒカレル、picked）に変身します。変身のメカニズムは、日本語も英語もおなじです。

2.2. ヒケタ部の赤猪子

　『古事記』（雄略）に「引田部赤猪子」の話がでてきます。三輪山のあたりで、ひとりの少女をみそめた天皇が「そなたはヨメにゆくな。ちかいうちに宮中に召しいれるから」といったまま、約束をわすれてしまいます。80歳を過ぎるまでまって、まちきれずに女性が申しでて、ようやく再会をハタシタ、というザンコク物語です。そのときの天皇の歌に、「ヒケタ」がよみこまれています。

　　ヒケタ［比気多］の　若来栖原　若くへに
　　　　　　　　　　　　　クルス
　　率寝てましもの　老いにけるかも（記。No.93）
　　キネ

　　（ヒケタの若い栗の林のように、若いうちに結婚すればよかった。
　　年をとってしまったなあ）

　ヒケタは、「引田」とも「比気多」とも書かれ、大和国の地名と解されています。『日本書紀』に「引田朝臣」（持統紀7）、「阿部引田臣比羅夫」（斉明紀4）、「三輪引田臣難波麻呂」（天武紀13）などの用例があります。さらに『新撰姓氏録』（大和国諸蕃）に「辟田首（ヒケタのオビト）」の用例があることから、ヒケタ［引田］＝［辟田］だったことがわかります。漢語でヘキデン［辟田］とは開墾地のこと。「ヒケタの若い栗林」の歌は、「カシの木の下で、栄養のとぼしいドングリの実をひろう」生活から、「荒地を開墾して、新品種の栗林をそだて、栄養ゆたかな栗の実がとれる」生活へと、時代がおおきく変化したことを歌っています。

　これでようやく、ヒケタ［引田］＝［辟田］という用字法のナゾがとけました。『古事記』の編集者が、ヒケタの語源解釈のテガカリをのこしてくれたおかげです。

2.3. ヒケタ［辟田］とヒコ［辟王］

　ヒケタ［引田］とヘキデン［辟田］の語音がちかいのも、フシギといえばフシギです。『漢和大字典』（藤堂明保、学研、1990）で、ヘキ

［辟］の意味用法をしらべてみます。

辟①piek＞bi。②biek＞pi「人＋辛（刑罰を加える刃物）＋口」の会意文字。①人を処刑し、平伏させる君主。②人体を刃物で引き裂く刑罰。平に横にヒラク意も。

しらべるほどに、ヘキ［辟］はヒク・ヒカ・ヒコ・ヘグ［剥］などと、よく似た音韻感覚のコトバだとわかってきます。スキ・クワなどのハモノで田をきりヒラク姿が、ヒケタ＝辟田＝picked fieldです。ヒク（きりヒラク）人がヒカ・ヒコ・pickerであり、やがてヒケタのオビト［首］、［辟田］の［辟王］ということになります。

『詩経』にでてくる「日辟国百里」（大蕩蕩）は、「一日に百里の国土をキリヒラク」こと。また、「済済辟王」（大文樸）は、「りっぱな君王がそろっている」さまです。

2.4. 青天のヘキレキ

「ビックリ仰天」「青天のヘキレキ［霹靂］」などといいます。青空がみえる一方で、にわかにピカッとイナビカリ。つづいてゴロゴロッとカミナリ。そこに立っていた人がビックリして、ヒックリかえる、という場面です。霹靂は、辟歴と書いても意味はおなじ。「ピリピリと横に裂けるような、はげしい雷」のことです。

ピカドンやヘキレキには、だれもサカらえず、みんなヘキエキ［辟易］です。姿勢をヒクくして、直撃コースから身をヒキたいと思っても、とっさのことで、ヒクにヒケません。じっさいイナビカリにヒカレタ（被弾、picked）あとは、ヒクく地面によこたわり、「天を仰ぐ」ばかりです。

3. 法師のヒゲをヒク

3.1. ヒゲのそり杭

『萬葉集』に、ヒゲをクイにみたてた歌があります。

法師らが　ヒゲの剃杭　馬つなぎ　いたくなヒキそ　法師は泣かむ
　　　　　　　　　　　　　　　　　　　　万　No.3846

（法師らのヒゲの剃り杭に馬をつないで、ひどく引張ってはいけ

ない。法師が痛がって泣くだろうから）

　若い法師のぶしょうヒゲを、馬をつなぐクイにみたてたのは、たしかにオオゲサですが、ヒゲというコトバの音韻感覚からいえば、当然そうなります。ヒゲのヒ［日・梭・氷］は甲類のカナ。ゲは乙類カナ、ケ［毛］の連濁で、カ［髪・香・日］の交替形。したがって、ヒゲもヒカやピカの交替形。カオをヒクものがヒゲ。ヒカリは日のヒゲ。大地にクイこむクイ［杭］は、大地のヒゲ（弾クモノ、picker）です。

　ちなみに、ローマ字でヒゲはfige＜pike。英語ふうによめば、パイク（①カワカマス、②ヤリ・ホコ、③尖峰、④とんがり）。いずれもpick, picker, pickedの姿。

3.2. シラヒゲの神

　日本にはヤオヨロズの神がいて、中には海外からわたってきた神が、おおぜいいます。シラヒゲ［白髭］の神もそうです。ふつう「しろいヒゲをもつ老人」の姿であらわれる、といわれていますが、このシラはシラギ［新羅］のシラだという説があります。シラギは朝鮮古代三国の一つ。ヨーロッパではシラSillaとよび、シラギは、「シラ［金］＋キ［城］、つまり「金の村」の意味だといいます。

　日本語では、シラはシロの交替形。シラカ［白髪］、シラトリ［白鳥］といい、またシロカネ［銀］、シロカミ［白髪］、シロトリ［白鳥］ともいいます。共通語根のsir-音は、シル［知］、シルシ［験・印］、［灼］、シルス［記］、シロシ［白］とも共通。『上代編』も、「シロシは、目立つ意の形容詞シルシと語源的に関係があると思われる」と解説。「シラ＝金」という語音も、金や銀がシラジラ・キラキラとヒカリ・カガヤク姿をいうのかもしれません。

　シラが金・銀のたぐいで、ヒゲがpickerだとすれば、シラヒゲは「シラ（金銀などの鉱産物）をヒクもの」となり、キヒカ（well picker）の同業者ということになります。

4. 都ヒクと pacific

4.1. いま都ヒク

『萬葉集』に、「都ヒク」というコトバがでてきます。

　　昔こそ　難波田舎と　言はれけめ　いま都ヒキ　都びにけり

万、No.312

　（昔こそは難波田舎と言われたろうが、今は都を移して、都らしくなったものだなあ）

　この「〜ヒク」の用法について『上代編』は「名詞と複合して、〜らしくなる、〜の様子をおびる、の意をあらわす」と解説し、「あからヒク」の例もあげています。

4.2. pacific

　「都ヒク」のヒクとよく似た用法が、英語にもあります。pacific, scientific などの -fic がそうです。英和辞典でたしかめてみます（小学館ランダムハウス英和辞典）。

-fic 　接尾辞。ラテン語からの借用語にみられ、"producing", "making", "causing" などの意を表わす形容詞をつくる。

　また、A.H.D (The AMERECAN HERITAGE DICTIONARY of the ENGLISH LANGUAGE, 3rd EDITION) の「インド・ヨーロッパ語の語根と派生語」では、「-fic は語根 dhe- からの派生語」としています。

dhe- (To set, put) >do, deed, fact, factor, fashion, -fic, effect, justify, modify, perfect, sacrifice, face.

　fact, -fic が、どうして do, deed と同源同族なのか、わかりにくいのですが、dhe-k グループとして fact, factor, -fic, -fy, efect をあげ、さらに語根 dheigh- の項でも、派生語として figure, faint, fiction をあげています。それは dh- 音と p- 音との交替をみとめ、{dhe-k} 音と {f-k} 音のあらわす姿が、共通または関連すると考えるからでしょう。たとえば、{オク（set, put）姿} = {ツク・ツケル・ヒッツケル姿} = {スル・ツクル姿} ということです。

4.3. {pek-} 音の英語

 pick, peak, pike などと直接はつながりませんが、A.H.D はつぎの {pek-} 音語根をあげています。

 peig(k)-(To cut, mark <by incision>) ＞ file-2, paint, picture, pinto, depict.

 peuk(g)-(To prick) ＞ point, punctuate, pygmy.

 ヤスリ (file-2) は、キリコミをいれる (pick) 道具。絵 (picture) は、ヒッカカレタ (picked) キズアト。また point や punctuate は、ちいさなトゲでツキサス (pick, prick) ように点 (句読点) をうつ姿。さらに、pygmy (こびと) の語根 peuk- は、漢語 [卑] (bei、ひくい、ちいさい)、[俾] (bi、小者) の上古音 pieg を連想させます。

 ちなみに、pacific (和解的な)、scientific (科学的な) の訳語のテキ [的] は、もともと漢語で、現代音 di、de、上古音 dok。「ツク・ツキデル・メダツ」姿から、[弓的]・[的中]・[目的] などの用法や、「我的書」(わたしの本)、「幸福的家庭」(幸せな家庭) など、所属関係や状態をあらわす修飾語をつくる用法もうまれています。

5. 擬態語をみなおす

5.1. 人類語としての共通性

 ここまでヒクと pick、ヒケタとヘキデン [辟田] など、日・漢・英の {p-k} 音語を比較してきました。それぞれ別の系統とされる三つの民族言語の語音が、これほどの対応関係をみせたことは、想像以上の発見です。

 このことは、日本語や漢語が、インド・ヨーロッパ語と関係ない世界で、単独で発生し発達したものではないことを暗示しています。語法の問題は別にして、語彙組織をみるかぎり、日本語も漢語も人類語の一方言にすぎず、インド・ヨーロッパ語と区別されるべき理由はありません。

 「日本語や漢語は、インド・ヨーロッパ語と音韻的に対応しない」というのが、これまでの常識でした。しかし、インドのコトバがヨーロッパのコトバと対応関係があるというのに、すぐとなりの中国語

（漢語）が「一切無関係」と断定するのは、その方がずっと常識ハズレでしょう。
　日・漢・英の音韻比較には、「人類語としての共通性」をみとめる言語観が基本です。そして、擬声語から擬態語をへて品詞語に変身するまでの過程をたしかめ、そのメカニズムをとらえること。そのうえで、ただしく資料をえらんで比較対照することです。

5.2. 擬態語のメカニズム

　ピカ・ピカリ・ヒカリなど、ヒカリ感覚をあらわすコトバが、いつ・どうしてうまれたか？　そのメカニズムを考えてみます。pi-, ka-, pik-のような自然音はあっても、ピカ・ピカリという音はありません。ピカ・ピカリは擬声語ではなく、擬態語とみるべきです。pi, ka, pikなどの音から、{トリがクチバシ（beak）でヒク（pick, peck）}姿、{日がヒカリをヒク}姿が連想され、擬態語ピカ・ピカリがうまれ、さらに変身して動詞ヒク・ヒカル、名詞ヒカ・ヒカリがうまれた、と考えることができます。

5.3.「音象徴」と「象形言語」

　こうしてみますと、日本語の語彙体系が組織される中で、擬声語・擬態語がたいせつな役割をはたしていることがわかります。A.H.Dにあげられた「インド・ヨーロッパ語根」も、よくみれば、ほとんどが擬声語・擬態語のたぐいです。日本語の擬態語は複雑で豊富。ヤマトコトバには、意外とおおく外来の要素がふくまれていて、研究者には、タカラの山です。ただ研究には、古い常識をはなれて真実をみさだめる、たしかな目が必要です。
　その意味で、最近英語学界でとりあげられている「音象徴（sound symbolism）」の研究が目をヒキます。たとえば、『プログレシブ英語逆引き辞典』（小学館、1999）の「擬音語・擬態語・音象徴」の中で、大森良子氏が「擬態語（mimetic word）は、本来、音を発しない動作や状態を擬音語に似た効果を持つ言語音で表した語であり、日本語に多い……聴覚以外の感覚が受けた刺激を、聴覚によるイメージが作り出せるような言語音に変換するものである」と指摘しています。この「音象徴」説は、わたしのいう「象形言語」説とほぼ一致するもの

で、日・漢・英どの言語にも適用できます。日本の国語学界が、一日もはやく大森氏らの「音象徴（sound symbolism）」理論をとりいれ、日本語の語彙組織をみなおす日がくることを期待します。

6
コク［扱］・コク［穀］・COOK
―k〜音の意味をさぐる―

1. カクカク・シカジカ

　第2号から第6号まで、毎回つづけて作品をのせていただきましたが、第7号と第8号はお休みしました。それがこんどまた、ひきつづき作品をよせることになりましたので、まずその辺のいきさつから。カクカク・シカジカとご報告させていただきます。

　わたしの作品のテーマは毎回いろいろですが、全体に共通する基本的なテーマがあります。それは、日本語と漢語と英語を音でくらべること。音でよくみくらべ、ききくらべ、ヒビキあうものをさぐることです。

　第2号では「ヒミコ・ミコ・MAGICIAN」と題して、m-k(g)音の日本語・漢語・英語をひきくらべ、国境や民族の違いをこえてヒビキあうコトダマのはたらきを紹介しました。ヒミコ［卑弥呼］がミコ［巫女］でMAGICIANだったという歴史的事実を背景に、古代ペルシャ語magus（魔術師）が上古漢語miuag［巫・舞］や日本語マク［娶・巻・罷・設］・マグ［求・勾］・マコ［眞子］・ミコ［皇子・巫女］などとつながることを推論したものです。いかにもマカ・フシギ・マガマガしい話です。この程度の議論で、いっぺんにみんなを説得できるとは、自分でも考えておりませんが、ひとつの問題提起になったかと思っています。

　第4号の「越と腰と年越し」では、k-s音がもつ意味を追求しました。上代カナヅカイで「コシ［越］のコは甲類、コシ［腰］のコは乙類」と区別されることから、「コシ［越］とコシ［腰］は、まったくの別語だ」とする解釈が有力のようです。しかし、たとえばサ変動詞ク［来］の場合、語幹ゼロで、語形がコ・キ・ク・クル・クレ・コと変化します。

コヤキの甲乙のちがいどころではありません。それでも同じ一語と意識されるのは、子音kを共有しているからです。コトバの意味を決定するものは子音。母音のちがい、ましてコの甲乙カナのちがいなど、「大同の中の小異」にすぎません。そこで「コシ［腰］は上半身と下半身をつなぐカナメ。やがてコシ［越］に通じる」と主張したわけです。

第5号の「クルマ＝サイクルのカラクリ」では、人類の歴史のある段階で、k-r(l)音がクルマづくり先進技術のシンボル＝コトダマとなり、やがて地球を一周した可能性があることを指摘しました。

第6号の「ピカピカ・ピッケル・ビックリ・霹靂」では、人類のコトバが擬声語・擬態語にはじまり、やがて品詞語に変身してゆくメカニズムについて考えてみました。

そんなわけで、わたしの日漢英のコトダマくらべの作業は、わりと順調にすすんでいました。しかしある日ふと気がつくと、わたしは80歳という年齢になり、世の中は21世紀にさしかかっていました。順調とはいっても、あと1年や2年で完成を期待できる作業ではありません。ここいらで一息いれて、これまでの作業をみなおし、このあとの作業にみとおしをつけたいと考えました。

実をいうと、わたしは1970年に「象形言語説」という仮説を発表しています。それは、コトバの発生・発達のメカニズムにかんする仮説です。その要点は、
① 音声（の姿）は、発声器官の姿に対応する。
② 聞き手は、音声から発声器官の姿を復元できる。
③ 発声器官の姿を事物の姿に対応させて発声すれば、音声と発声器官の姿と事物の姿とのあいだに、一定の対応関係がうまれる。

というものです。この仮説の検証作業に20年をついやし、1991年にようやく『コトダマの世界』（社会評論社）を発表。サブタイトルを「象形言語説の検証」としました。

それから10年あまり。「検証」作業もかなりすすみ、「象形言語説」の中身も、それなりに充実・成長してきました。そろそろ21世紀版「象形言語説」を発表してもよいのではと思いました。学会での研究発表も「教育・文芸とやま」への投稿もお休みして、2年がかりで『日漢英対照、64音図のこころみ』（別冊フロク、語音資料リスト）をまとめました。これが21世紀版「象形言語説」というつもりです。

マクロの目でみれば、日本語も漢語も英語も、人類語の一方言にすぎません。共通のハカリやモノサシさえ用意できれば、日漢英の語彙組織あるいは音韻組織について、相関度を計算することもできるはずです。

　しかし、いまはまだ、その「共通のハカリ・モノサシ」ができていません。英語については「インド・ヨーロッパ語根とその派生語」の関係を辞典でたしかめることができますが、日本語や漢語については、便利で信頼できる資料がみあたりません。日本語の学界では、「語根と派生語」や「単語家族」への関心がうすいようです。

　現状はそのとおりですが、それでもなんとか日漢英音韻比較の土俵づくりをしてみたいというのが、「64音図」構想のはじまりです。乱暴といえばきわめて乱暴ですが、人類のコトバ（語音）を音素まで分解して、8種（母音1、子音7）の音素グループに分類し、そのクミアワセで8×8＝64音タイプのワクをもつ音図をつくります。

　この64音図に語彙資料をのせることで、「日漢英どの民族言語に、どの音タイプの語が多いか」「音タイプのちがいで、日漢英の相関度がどう変化するか」など、おもしろい数字資料がえられるというシカケです。

2. カク・キク・クク・コク

　こんど日漢英の語音比較作業を再開するにあたって、「64音図」の中からどの音タイプをとりあげたらよいか。あれこれ考えた末、k-k音タイプを選びました。第1の理由は、日本語の音韻組織の中でカ行音が重要な役割をはたしていると考えられること。50音図の第1行はア行ですが、コトバの意味を決定するのは子音。カ行音は第2行ですが、実力の点ではナンバーワンというわけです。もう一つの理由は、k-kタイプの共通基本義がそのままk子音の基本義と考えられること。これがk-s、k-tなどのタイプでは、k子音とs、t子音との意味の連合となり、k子音だけの意味をとりだすのには不都合です。

　さて、いっぱんの品詞語をとりあげるまえに、k-音の擬声語・擬態語をとりあげることにします。k～音語にかぎらず、人類のコトバ

は、まず擬声語にはじまり、やがて擬態語となり、さらに品詞語に変身したと考えられるからです。

　k-k音の擬声語・擬態語は、ガクガク・ギクギクからガックリ・ギックリ・コックリ・カッキリ・コッキリなどいろいろあります。k子音は、ノドからでてきた息を奥舌をヒッカク姿で発声されるハレツ音ですから、k-k音語にはすべてヒッカク・ヒッカル姿がつきまといます。このことは、上代語の用例からもあきらかです。

　　カカ　　擬声語。①鳥の鳴き声。②水などを勢いよく飲みこむさま。
　　　　　→カカ鳴く。カカ呑ム。
　　カケ　　［鶏］にわとり。鳴き声に基づく語。
　　ココ　　擬声語。猿の鳴き声。
　　コゴ　　擬声語。ものをすりあわせる音。

　擬声語・擬態語は、そのままの形で品詞語に転用されることがあります。カケ［鶏］がその例で、英語のcock（おんどり）なども擬声語系のようです。

　ここからいよいよk～音の品詞語をとりあげますが、理論上からは、2音節のk-k音語だけでなく、単音節語のカ・キ・ク・ケ・コについても、同じことがいえます。上代語の例でたしかめておきましょう。

　　カ　　　［鹿・髪・梶・瓮・蚊・香・日］k-するモノ。ツノ・カミノケ・カ［蚊・香・日］はクル［来・剋］姿。またユク［行・逝］姿。
　　カ　　　接尾語。k-するトコロ。ココ・ソコのコ、イヅクのクと同源。
　　カ　　　［歟］助詞。詠嘆、疑問。→ケke1［異］、ke2［気］。
　　キki1　［酒・杵・割・寸］k-するコト・モノ。→キネ・キル・キダ。
　　キki2　［木・城］k-するモノ。大地にケ［毛］が生えてクル姿。→ケ［木・毛・気］
　　キ　　　［棺・牙・葱・黄］甲乙不明。キ［杵・割・寸］の姿とみればki1、キ［木・城］の姿とみればki2か。
　　ク　　　［所］k-するトコロ。接尾語カ・コと同源。→イヅク・コモリク。
　　ク　　　［消］下二。イキが消エユク姿。ク［来］と同源。→キユ［消］・ケツ［消］。
　　ク　　　［来］カ変。k-音を発声する時、イキがクル・ユク姿。

ケ ke1［異・(木)］水平線を異物がキル・クル・crossする姿。

ケ ke2［占・卜］［木・ケ・気・日］［食・笥］。カの母音交替。ケ［卜・木・毛・食］は凸型。ケ［笥］は凹型。

コ ko1［籠・子・蚕・粉・濃・小］k-作業の結果として生まれるもの。その形状がコ［濃・小］。コ［籠］はカゴ＝カコムもの。

コ ko2［此・是・木・所］k-するモノ・トコロ。カの母音交替とみてよい。

つぎにk-kタイプ2音節動詞およびその派生語が生まれたメカニズムについて考えてみましょう。

カク ［掻・書・画・懸］四。ヒッカク・ヒッカケル姿。ka［鹿・髪・香・日］＋ku［来・剋］の姿。

カク ［懸・欠］下二。ヒッカケル姿。また、ヒッカケられ、一部分がカケル［欠］姿。

カグ ［嗅］四。カ［香］をカク［掻・懸］・キク［聞］姿。カクとカグの関係はコク［扱］とコグ［漕］の関係に同じ。

キク ki1ku［聞・聴］四。音声が耳にキコエル・クイコム・kickする姿。キク［利］は派生用法。

クク ［潛］四。クグル。クリぬけてクル（ユク）姿。→ククル［括・潜・泳］。現代語でククルとクグルは反対語だが、もとは1語か。客観的には同一の姿。

コク ko1ku［揃・扱］四。シゴク。イネ・ムギ・キビなどの穂をカキむしり、コッキリ・コキン、実をトル姿。俗語で、糞をコク、ウソをコクなどという。

コグ［ko2gu］［漕］四。カイ［櫂］で水をカク［掻］・コク［扱］姿。カイはkakiの音便で、第2子音kの脱落か。→カク・カグ・コク・コックリ。

よくみると、これら2音節動詞のまわりに、2音節名詞や副詞などが整頓していることがわかります。

カガ ［利］利益。本体にヒッカカルもの。→カク・カゲ。

カキ ［垣・柿・蠣］ヒッカカル・ヒッカケルもの。動詞カクの名詞形。

カギ ［鍵］ヒッカケル・カギツケルもの。

カク ［此・是・如是］副。あれこれヒッカケていう。動詞カクの副詞用法。

カケ　［懸］動詞カクの名詞形。
カゲ　［影・隠・冠・蘿］本体にヒッカカルもの。→カガ。
カコ　［水手・鹿子］ka + ko カイやツノでヒッカクもの。

3. カクもの、コクもの

　不十分ながら、これでいちおうk〜音日本語の分析作業をおわり、このあとk〜音の漢語・英語と比較する作業にはいります。スペースの都合で、k-k音語だけをとりあげることにしますが、わたしの仮説が正しければ、漢語・英語とも、日本語と共通の原理原則にしたがって整頓しているはずです。
　まず漢語ですが、現代漢語つまりペキン語には、k-k音語がありません。上古漢語にたくさんあったk-k音語は、やがて一部地域で語尾のk子音が脱落しましたが、一部地域では現代まで方言としてのこっています。日本に伝えられたk-k音漢語は、いまも原形のままです。［漢音・呉音］などとよばれる漢字音がそれです。
　日本語に入ったk-k漢字音は、カク・キク・ゲキ・コクなど多数あります。ここでは、典型的な例をいくつかとりあげます。上古音はローマ字つづりの方が正確ですが、わかりやすさの点から日本漢字音をカナガキします。

カク　［各・客・角］ヒッカカル・ヒッカケル・カラムもの。もとkl-k音で、のちにk-k、l-k二音に分化したとする説がある。→ラク［絡・落・洛］・ロク［鹿］。
カク　［格・殻・郭・廓］カクム［囲］姿。カク＝殻＝カラ＝空。
キク　［菊・鞠・掬］クッキリ直線型のクキ［茎］の先端に「まるくカコム姿」＝菊花＝ケマリ＝スクフ［掬］姿。
ゲキ　［隙・戟］ヒカリやホコサキが、せまいスキマをクグル姿。クイコム・kickする姿。
ゲキ　［劇・激・撃］ギクッ・ゲクッ。はげしくキク［利］kickする姿。
コク　［告・梏・酷］牛の角に棒をククリツケル（→ツグ［継・告］・ツゲル）姿。手かせ。きびしくシゴクさま。
コク　［谷・穀・轂］固いカラ［殻］でカコム姿。ククム［包］・ク

クル［括］・クグル［潜］姿。またコク［扱］・シゴク姿。

ちなみに、いまの中国語ではコクモツ［穀物］のことを［谷物 guwu］と書きます。日本人にはあまりピンときませんが、漢語としてはもともとおなじ感覚のコトバで、違和感はないようです。そういえば、漢語コク［谷］は「奥の奥の地形。動きがとれない」意で、動詞・形容詞の用法があります。日本語でもキワマルのヨミをつけています。キワマル＝キ［杵］ハマル［嵌・墳］。キネがウスにハマりこんだ姿です。

つぎに英語ですが、k-k音の英語は日本語・漢語にくらべれば少数です。k-kタイプのインド・ヨーロッパ語根は、つぎの3個だけのようです。

kakka-(to defecate) poppycock, cacophony, cucking-stool. もと擬声語。コッキリ・コキンと糞をコク・シゴク・カキだす姿。破裂音kを発声する姿からの連想。

keg-(hook, tooth) hook, heckle, hack. カク［搔・懸・欠］コク・シゴク姿。

kekw-(to excrete) copro-. 排泄・脱糞する意の連結形。カキダス・コキオロス姿。→ガクッ・ゴクッ・コッキリ・コッポリ。

さて、k-k音語根の派生語と認定されたものはそれでよいとして、そのほかのk-k音語はどう解釈すればよいか、気になります。日本語にも入っているk-k音語としてcake, cook, cookie, cuckoo, kickなどがあります。このうちcuckoo（カッコウ）は擬声語ですから、問題ありません。Kickについては、キク［聞］の項でとりあげました。

辞典でcakeの項をみると、「通常正方形・長方形もしくは円形」と解説され、また名詞用法のほかに「カタマル・カタメル」意の動詞用法もあることがわかります。このことからcakeというコトバは、物質（調理材料）よりも調理方法をあらわすコトバだろうと推定されます。

つまり、日本語のカキモチ・オカキのカキとおなじ発想でしょう。カキモチはもと［欠餅］。正月の鏡餅を手でカキ［欠］、小さくしたもの。ふつう四角ですが、もとは円形です。Cakeの動詞用法［カタマル・カタメル］も、具体的には「円形の一部をヒッカク［欠］ことで、あらたに四角なカタチをつくる」作業です。

cookとcookie-も、音形がcakeとよく似ています。意味からいって

も、調理cookする結果としてcakeやcookieができるわけで、3語とも同系の語にちがいありません。そこで、3語の中心になる動詞cookの基本義を考えてみましょう。一般に調理の基本は「熱をくわえて食べやすくすること」とされています。たしかにそのとおりですが、cookというk-k音が熱heatとむすびつくメカニズムがよくわかりません。念のため辞典で語根をしらべると。

　　kar-(heat) heat, hot.

と解説されています。なるほど、そうでした。kar-はkaid-となることもあり、kae-id-(to strike)ともよくにた音形です。熱heatを加えることは、やがて食材をstrike and cutすること。つまりcookとは、heatでヒッカキ・カキむしること。コク・シゴク姿です。カク［掻・懸・欠］はもともとka［鹿・香・日］+ku［来・刳］の姿。Heatはヒ（日・火・he）をアツ（当、at）の姿。地上の熱エネルギーの根源は天にカガヤク太陽＝日。その［日］を日本語でヒともカともよみますが、このことは英語でheatの語根がkar-ということと対応しているようです。

　さいごに、ゴキブリの話。英語でcockroachといいますが、cock（オンドリ）とは直接関係ないようです。英語k-kタイプの語根の基本義からみて、ゴキブリの形態をあらわす擬態語系のコトバと推定されます。日本語でいえばカキ［柿・蠣］（ヒッカカルもの）の姿。漢語ではカク［殻］（呉音コク）・コク［穀］の姿。英語ではgrain、コロコロ・ゴロゴロ、［穀・粒］の姿。また、コッキリ・コッポリ・コキおとされた糞の姿。ゴキブリとcockroachがk-k-r-という子音構造を共有しているのは、たんなる偶然ではなさそうです。

4．コトバのキキメとカギリ

　ここまで、日漢英のk-k音語をひととおり見てきました。日本語のカ行音では、キ・コに甲乙カナヅカイの問題があり、上古漢語音では、k-k音の種類がおおすぎて日本漢字音で整理したり、ぎゃくに英語音では、k-k音の語根が3個しかなかったり、いろいろでした。それでも、あえて「日漢英とも、k-k音語の感覚はほぼ共通する。その共通基本義は、k-k音を発声する時の発声器官の姿である」という議論を

くりひろげました。これを公式化すると、
　{k-k音の意味} = {発声器官の姿} = {カク（ヒッカカル）}こんな具合になります。{カク（ヒッカカル）は、論理的には{クク＝k-k}とでもしたいところですが、それでは抽象的すぎてわかりにくい。かといって、{カク・キク・クク・コク}では散漫にすぎる、というわけです。
　いずれにしてもコトバは、{事物の姿}を{発声器官の姿}にホンヤクして音声化するだけのもの。直接に事物ソノモノをあらわすメカニズムではありません。コトバのカケアイは、しばしば「誤解と偏見にもとづく独断論」や「ミズカケ論」になりやすい反面、テッポウ玉ならぬコトダマとして、敵味方のココロをカキたてたり、コキおろしたりします。すべては、コトバのメカニズムがもたらすワザ。たかがコトバ、されどコトバ。古今東西をとわず、世の人々はコトバのカガ・キキメのカギリをめざして、コトダマのカケアイをつづけています。
　未熟な議論におつきあいいただき、ありがとうございました。ご教示をおまちします。

7
ハル・ヤブル・BREAK・SPRING
－p-r音の意味をさぐる－

1. ハル［春］= spring のナゾ

　国語辞典でハルの項目をしらべると、名詞ハル［春］のほかに動詞ハル［張・懇・腫・晴］など、いろんなハルがでてきます。ローマ字で書けば、haruですが、上代語までさかのぼると、paruのような語音だったといいます。ヤッパリ、デバル、デッパルなどのp-、b-音がそのなごりだというのです。

　それにしても、漢字でいろいろ書き分けられるコトバが、どうしてparuの1音形になっているのか、フシギです。

　ハル［春］にあたる英語springを辞典でしらべると、これまた名詞「春。泉。ばね」のほかに、動詞「飛ぶ。はねる。わきでる」などの意味用法がでてきます。これだけ意味用法がわかれているものが、どうして1語といえるのか。それで、どうして混乱しないのか、フシギです。

　もう一つ。日本語ハル［春］paruと英語springには、ともにp-r音があります。これは、ただの偶然でしょうか。また、ヤブル［破］とbreakにも、ともにb-r音があります。これも、ただの偶然でしょうか。

　もっとも初歩的で、根本的な疑問があります。「春の季節を、どうしてハルparuやspringとよぶのか」「バリバリ・ビリビリ（破る）などの擬声語と関係があるのか」など。

　さて、これまで「コトバの意味は子音できまる」という仮説の検証をめざして、m-k, k-s, k-r, p-k, k-kなどの音タイプをとりあげ、日漢英共通の音韻感覚をさぐってきました。今回は、p-r音をとりあげます。

　p-r音については、『日本語のルーツをさぐる』シリーズ（財団法人

カナモジカイ機関誌「カナノヒカリ」1997・11〜1998・4）でも、とりあげました。「ハルヒのカスガ」「ハルと spring」「フルと feel」「ヒルと fill」「ヒルとヒク」など。

　ほかに、日本中国語学会2001年全国大会にむけて準備した、未発表原稿「フラフラ・PIUER［飛］・FLY」があります。また、敬愛する友人高畠康吉氏から、f-l, p-l, s-k, s-t 音など、英単語の資料をいただいています。

2. ハラハラ・ヒラヒラ・フラフラ

　まず、日本語の p-r 音擬声語・擬態語をとりあげます。擬声・擬態語から、たくさんの品詞語がうまれたと考えられるからです。p-r 音擬声語・擬態語の主なものについて、どんな姿、どんな感覚なのか、考えてみましょう。

　　ハラハラ・ヒリヒリ（ハリを打たれる時の感覚）

　　バリバリ・パリパリ・ベリベリ（ハモノでバラス感覚）

　　バラバラ・パラパラ・ホロホロ・ボロボロ・ポロポロ（ハル・ワル・ヤブル行為の結果）

　　ハラリ・バラリ・パラリ（バラス、フリハラフ姿）

　　ヒラヒラ・ビラビラ・ピラピラ・ヘラヘラ・ベラベラ・ペラペラ・ヘロヘロ・ベロベロ（ヒラたく、ヒロがる姿）

　　フラフラ・ブラブラ・ブルブル・プルプル・フラリ・ブラリ・プラリ（フル・フルエル姿）

　これらの擬声・擬態語は、ほとんどそのまま p-r 音の品詞語に変身することができます。たとえば、

par-（ハラハラ・バラバラ・パラパラ・バリバリ）

　　ハラ［原］名。ハリダス地形。

　　ハラ［腹］名。ハリダス体形。

　　ハラク［開］動四。＝ハル＝ヒラク。→ハル［張・懇］。

　　ハラフ［払］他動四。

　　ハラフ［祓］自動下二。→ハル［張・懇］。

　　ハラム［胎］動四。みごもる。ハラ［腹］の動詞化。

ハリ［針］名。動詞ハルの連用形。→イバラ。prick, pride.
ハル［春］名。根や芽がバリバリ、ハリだす季節。動詞ハルの名詞用法。→spring.
ハル［針］名。ハリ［針］の東国語形。
ハル［張］動四。①張る。引きのばす。②ふくらむ。芽や根が広がる。→根ハル。→前2項・次3項。flat, plan, spread.
ハル［墾］動四。土地をホリヒラク。田・道などをハリダス。開墾する。→ハリタ［墾田］。→前項。break.
ハル［腫・脹］動下二。はれる。皮膚がふくれ上がる。ハル［張・墾］の受動態用法。→bulge, ball.
ハル［晴］動下二。雲や霧がワレ、空間がヒロがる。→break.

pir-（ヒラヒラ・ビラビラ・ヒリヒリ・ビリビリ）

ヒラ［平・枚］①形状言。②助数詞。→flat, plain.
ヒラカ［平瓫・盆］名。平たい土器。→前項。
ヒラク［開・披］他動四。自動下二。ヒロげる。ヒロがる。
ヒル［昼］名。ヒ［日］がサス時間帯。→ヒル［干］
ヒル［蒜］名。のびる。→fill, file.
ヒル［蛭］名。→前項。
ヒルガヘル［改］動四。ヒラヒラと裏がえる。→flat, float.
ヒルメ［日女］名。日の女神。→ヒル［昼］。fill, file.
ヒレ［領巾］名。細長い薄布。ヒラの交替音。→ヒラ。film.
ヒロ［広］形状言。ヒラヒラ、ヒロガリ。→flat, broad, plaza.
ヒロ［尋］名。長さの単位。両手をヒロげた長さ。→前項。
ヒロフ［拾］動四。ヒリフとも。→file, fill.
ヒロム［弘］動下二。ひろめる。→ヒロ［広］。spread.
ヒロメク［旭］動四。雷光がヒラメク。→ヒル［昼］。
ヒロル　動詞。広がる。→ヒロ［広］。spread, spray.

pur-（フラフラ・ブラブラ・プリプリ・ブルブル）

フリ［振］名。ふり。様子。
フル［古・故］形状言。
フル［零・落］動四。雨・雪などが降る。→次項。flow.
フル［振］動四。振り動かす。→前次項。branch, play.
フル［触］動四・下二。さわる。触れる。触れまわる。→feel.

フル［古・旧］動。年月が経過する。→フル［振・触］。
　　フルフ［戦・揺］動四。ふるえる。
　　フルフ［篩］動四。フルイにかけ、より分ける。
per-（ヘラヘラ・ベラベラ・ペラペラ）
　　ヘラ［鏟］名。土をすき返す道具。→ヘル・ヘラス・ホル。
　　ヘル［謙・倹］動四。へりくだる。→前項・ホル［掘］。
por-（ホラホラ・ホロホロ・ボロボロ・ポロポロ）
　　ホラ［洞］名。掘られて、うつろなアナ。→次項。ハラ［腹］。
　　ホル［掘・穿］動四。ホ［穂・帆］の姿にナル。→前次項。ハル［墾］。
　　ホル［欲］動四。→前次項。
　　ホル［慌・耄］動下二。ぼける。
　　ホロ［幌］名。馬車などのおおい。ホラ［洞］の姿。→ball, bowl.
　　ボロ［襤褸］名。ボロボロ破れた着物。→バラバラ。
　　ホロブ［滅・亡］動上二。ボロボロになる。→ホラ・ホロ。
　ごらんのとおり、p-r音の擬声・擬態語からたくさんの品詞語がうまれ、単語家族をつくっています。それらの品詞語に共通するp-r音が、単語家族のシンボルです。
　コトバのルーツさがしは、擬声・擬態語までたどりつけば、完了です。擬声・擬態語が、コトバの発生・発達のメカニズムをさぐるテガカリになります。擬声・擬態語のおおい日本語は、まさに「宝の山」です。

3．春は、ハリだす季節

　春は、なぜハルとよばれるか、植物が芽や根をハリだす季節だからです。植物の芽や根だけではありません。雪どけ水が川にあふれ、あたり一面にハリだす。洪水のあとに、アラタ［新田］・ニタ［泥田］・ニハ［丹羽・庭］がハリだします。ホリやすく、ハリ［墾］やすく、きりヒラけば、ハリタ［墾田］です。つまり、春はハル［墾］（開墾）の季節でもあります。
　ところで、ハルparuという語音をもつ単語は、いくつあるのでしょうか。『時代別、国語大辞典、上代編』（三省堂、1967）は、つぎの6

語をあげています。
①ハル［春］名。②ハル［針］名。③ハル［張］動四。④ハル［懇］動四。
⑤ハル［腫・脹］動下二。⑥ハル［晴・霽］動下二。

『広辞苑』（岩波書店、1956）では、「ハル［針］名」の項目がなく、「ハル［張・貼］動四」の項目が独立しています。ここで一つ、問題がでてきます。それは「単語認定の基準」、つまり「コトバは、どんなモノサシで1語と認定されるのか」ということです。『広辞苑』が2語と認定したハル［張］とハル［張・貼］は、音形も基本義もまったくおなじ。活用形まで、おなじ四段活用。しいていえば、前者が自動詞、後者が他動詞というだけのちがいです。こんな基準で別語とするのは、日本の「国語辞典」だけです。英語や漢語の辞典では、1語で自動詞と他動詞はもちろん、動詞と名詞、形容詞と副詞など、複数の用法があると解説します。たとえば、

（漢）　大　da4　①大きい（形）。②大きさ（名）。
　　　　道　dao4　①道路（名）。②言う（動）。
　　　　破　po4　①破れる（自動）。②破る（他動）。③破れた（形）。
（英）　fly　①飛ぶ（自動）。②飛ばす（他動）。③飛行（名）。
　　　　break　①破れる（自動）。②破る（他動）。③割れ目（名）。
　　　　spring　①飛ぶ。はねる（自動）。②飛ばす（他動）。③飛躍。
　　　　ばね。春。泉（名）。④春の（形）。

ハルparuの基本義は、「ハ［刃・葉・羽・葉］の姿にナル」こと。つまり、ハモノとしてハタラクこと。ハ［刃・葉］は、それ自体ハリだす姿。そのハがハリだすことは、モノを切リ、割ル、破ルこと。ハ［葉・羽］も、それ自体がハ［刃・葉］の姿であり、またハル［張・貼］姿です。イネ科植物のハ［葉］は、ヘリにするどいトゲが密生し、ノコギリの姿になっています。うっかりハダをふれると、カミソリのように切れます。ハ［羽］は、風を切るハモノです。

ハpa音のコトバがもつ共通基本義の正体は、｛ハpa音を発声する時にうまれる感覚｝です。クチの中にイキをためたあと、クチビルをパリンとヤブル。イキをパッとハキ、声をハリだす。この時の感覚は、ハ［刃・葉・羽・葉］すべてに共通で、変化しません。

日本語のハルparuを漢字で書きわければ、［春・張・貼・懇・腫・脹・晴］などとなります。それは、日本語のハルを漢語にホンヤクすれば、

ということです。漢語ではシュン春・チョウ張・テン貼・コン懇など、それぞれ別語。日本語では、ただ1語。バリバリ、ハリダス姿のハルです。

4. p'uar 破 po ＝ハル・ヤブル姿

　日本語では、ハル［張・懇］・ハリ［針］・ヤブル［破］などp-r音の系列をたどることができます。おとなりの中国語では、どうなっているのでしょうか。
　現代漢語には、p-rタイプの音節がありません。ただ、上古漢語にあったと推定されています。そこで、p-r音の上古漢語がどんな姿＝基本義をもっていたか、しらべてみます（上古音・漢字・現代音の順）。
①ヒッパル・ヒラク・ヤブル姿（バリバリ・ビリビリ）。

　　p'uar　破　po4　（石で）ワル、ヤブル、バラバラにする。→破裂・破壊・破損。→ハル［懇］・ヤブル（＝ヤ［矢］フル［振・触］）。
　　puar　波　bo1　水面がハリダス、ヤブレル、バラバラにナル姿。そのワレメ。→波浪・波長・波及。
　　biar　皮　pi2　皮を手でヒッパル、ハル［貼］、カブル・カブセル姿。→皮革・皮相・皮膚。
　　biar　被　bei4　衣をヒッパル、ハル［貼］、カブル姿。→被服・被害。
　　biar　疲　pi2　体がヒッパラレル、ヤブレル姿。→疲労・疲弊。
　　p'iar　披　pi2　皮を手でヒッパル。ヒラク姿。→披瀝・披露。
　　p'uar　頗　po4　頭を一方にヒッパル。→スコ［頭］ブル［振］・偏頗。
　　buar　跛　bo3　片足をフリダス。ビッコをひく。→跛行。
②バラバラ、ヒラク、ハリツク姿（pa-音を発声する時の口形）。
　　piuer　非　fei1　羽が左右にハリダス、ソムク姿。→非常。
　　piuer　扉　fei1　左右にヒラクもの。トビラ。→門扉。
　　ber　排　pai2　おしヒラク。ハラフ。→排斥・排列（配列）。
　　piuer　悲　bei1　心がワレル。ヤブレル姿。→悲哀・悲観。
　　puer　輩　bei4　バラリ、ブラリ、キナラブ車。→輩出・同輩。

ber　俳　pai2　カケアイ芸をみせる役者。→俳優。→partner.
　　p'iuar　妃　fei1　王族の夫にピタリ、ハリツク妻。→pair.
　　p'uar　配　pei4　酉（サカツボ）のヘリにハリツク人。くばる。
　　　　つれあい。→配布・配合・配偶。→fill, supply.
③ピタリ、ハリツク、ナラブ姿（pi-音を発声する時の口形）。
　　p'ier　匕　bi3　ピタリ、ハリツクもの。ナイフ。さじ。→匕首。
　　pier　比　bi3　ハリツク、ナラブ、クラベル。→比例・比較。
　　　　→pair, compare.
　　pier　妣　bi3　父と並ぶ（ハリツク）人。母。→先妣・考妣。→
　　　　前項。parent.
　　pier　庇　bi4　ハリダス屋根。ヒサシ。→庇護。→porch.
　　ber　陛　bi4　ベロベロ、ハリダス、土の段。キザハシ。→陛下。
　　　　→emperor, porch.
　　ber　閉　bi4　ピタリ口（＝門）をトザス姿。→閉口・閉門。
　　　　→bar, barrier（関門）、file, pale, palisade（トガリクイ）。
　ごらんのとおり、p-r音上古漢語の基本義は、上代日本語の場合ときわめてよく似ています。当然といえば当然。日本人と中国人と、発声器官の構造は大同小異。p-r音を発声するとき、発声器官にうまれる感覚（聴覚や触覚など）も、大同小異となる道理です。

5.　ハル・ヤブル・BREAK・SPRING

　英語音については、単語家族の研究がすすんでいます。どんな語根からどんな品詞語が派生したか、一覧してわかる「語根と派生語のリスト」をのせた辞典もあります。わたしは、1993年にVictor H. Mair教授（ペンシルバニア・デューク大学兼任）の助言をいただいてから、A, H, D.(American Heritage Dictionary of the English Language)のフロク Indo-European Rootsを利用しています。
　このIE語根リストの中に、p-r, p-l音タイプの語根が30個ほどあります。そのうちいくつか要約して紹介します（IE語根、基本義、派生語の順）。
①bhreg- (to break)　＊ハル・ワル・ヤブル姿。

break　割る。破る。
　　breach　（約束などを）破ること。
　　fraction　分割。破片。
　　fragment　（バラバラ）破片。
② per-1 (forward, through)　＊前へハリダス姿。
　　far　はるかに。遠く。
　　paramount　最高の（ハルカニ高い）。
　　for　〜に向かって。
　　from　〜から（ハリダス）。
③ per-2 (to lead, pass over)　＊ハリダス、ハリコム姿。
　　ford　浅瀬。→port.
　　porch　玄関（ハリダシ部分）。
　　port　港（水面が陸地にハリダスところ）。→portable.
　　import（portを通して）輸入する。→important 重要な。
④ per-4 (to strike)　＊ハル［張・貼］姿。ハリを打つ姿。
　　press　押す。ハリつける。→pressure, express.
　　print　（ハリを打つ姿）印刷する。
　　imprint　（判を）押す。
⑤ pere-1 (to produce)　＊ハリダス、ヤブル姿。
　　parade　ハレがましい行列。
　　apparel　ハレの衣装。
　　emperor　国土をヒロげる皇帝。
　　parasol　日光をヘラス傘。
　　separate　ハル、ワル、ヤブル、分ける。→サハル［障］。
⑥ pere-2 (to grant)　＊バラバラ。同類・同輩の姿。
　　parcel　小包み。
　　part　部分。
　　pair　バラ同士、1対。
　　par　バラ同士で、対等。
　　compare　並ぶ＝比べる。
⑦ bhel-2 (to blow, swell)　＊ハル［張・脹・腫］姿。
　　bowl　（ハリダス、フクレル）どんぶり鉢。
　　ball　ボール。

balloon　風船。
phallus　男根像。

⑧ bhel-3 (to bloom)　＊花のツボミがハリダス、ヒラク姿。
　bloom　花（集合的）。
　blossom　（果樹の）花。開花（時）。
　flower　花。ハリダス、フリダスもの。→flow, blow.

⑨ pele-1 (to fill)　＊ハル・ヒル・フル姿。
　fill　満たす。→ヒル［昼］（日光ガヒロがる）。
　full　満ちた。
　complete　完全な。
　supply　供給する。→クバル［配］。

⑩ pele-2 (flat)　＊ヒラヒラ、ヒロビロ、ヒラたくヒロがる姿。
　field　広がり。原。田畑。
　floor　タヒラな床。
　plain　タヒラな。→explain.
　plane, plastic.

⑪ plat- (to spread)　＊ヒラたくヒロがる姿。
　plat　地所。小地面。
　plan　計画。設計図。
　plant　種をバラまく。
　place, plate, plaza, flat.

⑫ pleu- (to flow)　＊フラフラ、ブラブラ、振れる姿。
　flow　流れる（＝振れる）。
　flood　洪水（アフレル）。
　fly　（振れ）飛ぶ。
　flight　飛行。
　float　ただよう。

⑬ pol- (to touch)　＊フル、フレル、サハル姿。
　feel　ふる［振・触］。さわる。
　palpable　さわれば分かる。
　catapult　弩砲。パチンコ。フリ飛ばすもの。
　ほかに spr- (spl-) 音の語があります。

⑭ sper- (to strew)　＊バラまく。ハリダス・ヒロガル姿。

sprawl　手足をハリだし寝そべる。
　　　sprout　芽をハリだす。
　　　spurt　ほとばしる。
　　　spread　ヒロげる。→spray　スプレー。
　springとIE語根との関係は不明ですが、古代英語もおなじ語形で、wellspring（泉源）の意とされています。基本義は「スッパリ、ズバリ、バリバリ、ハリダス姿」でしょう。
　IE語根リストにもsp1-音はでてきません。splash（ザブザブ）は、plash（ピチャピチャ）の頭にs-音をかぶせたもの。もと擬声語とされています。そういえば、split（ワレメ。サケメ）も、pleat（着物のヒダ。plaitの変形）の頭にs-音をかぶせた姿にみえます。splendid（スバラシイ）はラテン語系のコトバ。もとshine（キラメク、ヒラメク）の意味といわれます。
　上代日本語のヒロメク［辿］（動（四））は「雷がとどろく。イナビカリがピカピカとキラメク」の意（キ［辿］はマムシ）。ヘビがノタウツさまを「ヒリヒリとヒロメキてやがて死ぬ」と表現し、日光にキラメク雪景色を「雪ヒロメク［霏］コト五采、光流ヨモ［四］ニ照ス」と表現した例もあります。
　英語のsplendidは、日本語のヒラメク・ヒロメクともちかく、現代語のスバラシイとピタリ一致するコトバです。そして、上代語にもspr-音の用例があります。
　スバル［昴］名。すばる星。ムツラ［六連］星。スバル［統］に基づく。
　　　「天スマル女神命」（皇大神宮儀式帳）。
　スバル星があらわれるのは、やがてスバラシイ季節ハル［春・張・懇］が来るとのシラセです。

6. バラの木に、バラの花さく

　1982年の中国語学会で「ニヒ［新］・ニフ［丹生・入］考」を④発表してから22年になります。当時は日本語と漢語の音韻比較が基本テーマでした。1993年からA. H. D.フロク「IE語根リスト」を利用して、本格的に日漢英の音韻比較作業をすすめ、1994年の学会で「ス

ミ［炭］・シム［滲］・SMITH」（第3回）を発表。それから、また10年たちました。
　「バカの一つおぼえ」というか、ずっとこの道ひとすじ。イバラの道でした。「誤解と偏見に基づく独断論」、「音義説の焼き直し」とコキおろされたり、門前ばらいされたり、それでもたまに、共鳴、激励してくださる人がいました。
　バラの木には、トゲ＝ハリがあります。人のハダをきずつけるハリです。見方をかえれば、バラという生命体の心意気としてのハリ＝prideです。バラの木だけではありません。バラの花そのものにも、ハリがあります。1枚1枚のハナビラがパリッとしていて、カドのところがツッパル姿です。バラの花がキレイ＝prettyといわれるのは、ハリ＝prick, pride＝気品があるからなんですね。
　さて、日漢英の音韻比較作業がようやくp-r音までたどりつきました。全部で64音タイプありますから、目標達成にはまだ「道ハルカ」です。イバラの道がつづくことはたしかですが、春がくれば、やがて「バラの木に、バラの花さく」こともたしかです。バラの木になったつもりで、ハリきって、バリバリ（？）作業をすすめたいと思います。

8

ユフとアサとユーラシア
―東西コトダマくらべ―

1. はじめに

　わたしは、コトダマというコトバがすきです。ふつう［言霊］と書きますが、コトダマのタマは、もともと動詞タム［運・溜・矯］の名詞形。したがって、タマ［霊］＝［玉・球］＝タマ［弾丸］。空中をトビまわり、人の心をウツもの。鉄砲ダマのようなトビ道具です。

　コトダマの実体は、コトバのヒビキ、音です。日本語に日本語のコトダマがあるように、漢語には漢語の、英語には英語のコトダマがあります。わたしは、これまでずっと日本語・漢語・英語のコトダマ（音韻感覚）をくらべる作業をつづけてきました。いまは、「いろはガルタ」をまねた「コトダマカード」づくりに熱中しています。

　日漢英3種類のコトダマをくらべるには、まず共通のモノサシや土俵が必要です。そこで「完全ではないが、さしあたり便利に使えるもの」として、「64音図方式」を考案しました。(1)

　コトバを音素の段階まで分解。似たもの同士は1グループに統合。全体を a・k・m・n・p・r・s・t の8グループに分類。その組みあわせで64音タイプを設定。これを共通の土俵として日漢英のコトバを比較すれば、ほぼ客観的・科学的な比較資料が得られるという考えです。

　こんどのコトダマカードは、「64音図方式」を実用化した作品第1号です。a-aからt-tまでの64タイプに対して、それぞれ1枚のカードを割りあてます。そのA面は日本語が中心。B面は漢語と英語が中心。AB両面を対照することで、日漢英語音の共通点や相違点が感じとれるよう、いろいろくふうしました。

　このカードのねらいは「実用第一」。中高生以上の方たちに、ゲーム感覚で使ってみていただきたい。カルタとりのゲームをくりかえす

うち、ひとりでにコトダマ感覚が身についてくることを実感されるでしょう。まずは、カードの内容見本と編者イズミの言語観をご紹介して、ご教示をおまちします。

2. アユの風は、矢を射る姿

　コトダマカードの１枚目は、a-aタイプのコトバです。ここでいうa音には、日本語のア行音とヤ行音・ワ行音が、すべてふくまれます。
　さて、a-aタイプの代表にはどんな文句が良いか。いろいろ考えたあげく、

　　アユの風は、矢を射る姿

という文句をえらびました。ここで、アユという語音をもういちど見なおし、聞きなおし、この語音にこめられたメッセージを全部よみとりたい。アユの風のアユと魚のアユと動詞のアユ（下二）は、なぜ同音のアユなのか。アヤ・アヤカル・アユムなどとどんな関係があるのか。そんな問題についてじっくり考えてみたいというわけです。
　コトバの最小の単位を単語とよびます。ひとつの単語には、かならず家族があります。名詞・動詞・形容詞など、用法によって音形が変化することがあります。ぎゃくに考えればa-a、a-s、m-kなど音形がおなじコトバ同士は、おなじ単語家族の一員である可能性があります。たとえばアユayuの場合、名詞のアユも、動詞のアユ・アユムも、みんなおなじ単語家族の仲間だと考えられます。さらには、アヤ・アヤシ・アヤブム・アヤマルなども、同族とみてよいでしょう。
　ただ、このような解釈は、国語学の正統派からは承認されないでしょう。わたしがかってに立てた仮説によるものですから。それにしても、この方が単純明快な論理で、しかも実用的だとお思いになりませんか。このあと、a-aグループのコトバについて、イズミ流の解釈をご紹介します（各項とも※印以下の部分。以下おなじ）。

　アヤ［綾・文］名。縦横種々の模様。あるいはその模様を織り出した絹織物。※矢のキズ。また動詞アユの名詞形。→アヤカル［肖］。
　アヤ［漢］名。アヤヒト。※アユする人。アヤ［綾］の技術者。ア

ヤ文化を日本へ伝えた人。

アユ［鮎］名。アユ科の淡水魚。※弓矢の姿をもつ魚。動詞アユの名詞用法。

アユ名。風の名。アユノカゼとも。※動詞アユの名詞用法。弓で矢を射るように、強く、激しく吹きつける風。

アユ動下二。こぼれ落ちる（汗や血がしたたり、流れる）。※矢を射るように流れる。

アユ［肖］動下二。似る。あやかる。※矢の姿になる（矢がアヤ［文・綾］をつくる）。

アユム［歩］動四。あるく。※左右の足が弓矢の動きをくりかえす。

　以上のように解釈することで、アヤ・アユ・アユムを「血のかよいあう単語家族」としてとらえることができます。おなじ音のアユを名詞と動詞で別語とする。名詞のアユを魚の名と風位名で別語とする。活用形まで同じ動詞のアユを、意味用法のちがいで別語とする。そういう区別も、たしかに必要です。しかし、それはもともと大同の中の小異です。小異の部分に目をうばわれていると、大同の部分が見えにくくなります。アヤ・アユ・アユムを、一つの単語家族としてとらえられなくなります。それは、アヤ・アユ・アユムがやがて死語となることを意味します。おそろしいことです。

　最近、日本語についての論議がさかんになっています。「漢字の読み書き能力がひくい」「敬語が正しく使えない」「カタカナ語が多すぎる」など。しかし、一番基本的な問題がぬけていると、イズミは考えます。それは、日本人が母語（ヤマトコトバ）に対する音韻感覚をとぎすます手数をはぶいて、いきなり漢語や英語などの外来語を使いこなそうとしていることです。音韻感覚のちがいは、血液型のちがいみたいなものです。おなじ日本人同士でも、血液型が一致しなければ、輸血は成功しません。神経マヒで手足が動かなくなった時は、なんとかして血液がゆきわたるようにしなければなりません。コトバについても、おなじことがいえます。

3. アス・アサ＝矢がサス時

　アヤ・アユ・アユムなどのコトバは、弓矢を使う生活の中で生まれたと考えられます。その点では、アス・アサ・アシタなどにも、よく似た発想法がみられます。そこで、コトダマカードa-aタイプ代表の文句を、

　　アス・アサ・アシタ＝矢がサス時

としてみました。アス［明日］・アサ［朝］・アシタ［朝・明日］・アサッテ［明後日］などは、語根as-を共有しているといえます。この点については、すでに大野晋氏も指摘しておられます。(2) a-sの基本義は「ヤ（矢・太陽光線）がサス（ノボル）」姿です。以下a-sタイプのコトバについて、イズミ流の解釈をご紹介します。

　アサ［朝］名。ユフの対。※動詞アスの名詞形。アスもの。アス時。
　　⇔east, Easter, Asia.
　アサ［麻］名。原産は中央アジア、西南ヒマラヤ地方。奈良時代にはすでに広く栽培されていた。※矢の姿をもつ草。⇔アシ［葦］。
　アサ［浅］形状言。→アサシ・アサラ。※朝日がサスことで、夜の暗さがアセル・アサクなる姿。
　アザ［痣］未詳。アザケル・アザワラフなどのアザと同源か。※矢のサシキズ。
　アシ［足・脚］名。足。※動詞アスの名詞形。矢のように大地にツキサス姿。また、ユク姿。
　アシ［葦］名。あし。よし。イネ科多年生草本。茎は燃料、すだれ材料。若芽は食用になる。※アシ［足］とおなじ姿。
　アシ［悪］形シク。悪い。ヨシの対。※葦は、生活資材として利用できるのでヨシ［良］。反面、根がはびこるなどの点でアシ［悪］。
　アシタ［旦・朝］名。朝。※アシは動詞アスの連用形。タは方向・空間・時間。⇒east, Asia.
　アス［明日］名。明日。※動詞アスの名詞用法。矢のようにアサヒがサス時。
　アス動四。未詳。浅シと関係ある語か。※自動詞アユ（下二。こぼれ落ちる。汗や血が矢のように流れる）に対する他動詞か。酒などをこぼす・流す・余す。→アサずを［飲］せ（記仲哀）。

アス［浅］動下二。浅くなる。※アサヒがサス＝夜の暗さがアセル・ウスレル。

アセ［汗］名。汗。※アサの母音交替。体の内部から矢のように吹きだし、流れでるもの。

さて、アサ・アシタに対するユフ・ユフベは、どんなコトバでしょうか。

ユフ［夕・暮］名。夕ぐれ。夕方。※ヤ（矢・太陽）が西の大地とユフ［結］時。⇔evening.

ユフ［木綿］名。こうぞの繊維から糸にしたもの。幣帛として神に奉る。※動詞ユフの名詞用法。

ユフ［結］動四。結ぶ。ゆわえる。※天と地、男と女が結ばれる。⇔eve, even, evening.

ユフヘ［夕・暮］名。夕方。アシタの対。※ユフ［結］のヘ［辺・方］。⇔evening, Europe.

このように見てきますと、日本語アサ・アス・アシタと英語east, Easter, Asiaなどが、グループまるごと対応していることが分かります。ユフ・ユフベとeve, even, evening, Europeとの対応関係もみごとです。ここで参考までに、百科事典の解説を引用しておきます。

　　…アジア・ヨーロッパの名の起こったのは地中海の東部で…ここに栄えたフェニキア人が、それより東の方を日の出る国アスAcuと呼び、それより西の地帯を日没の国エレブErebと呼んだのがもとである… ⑶

4. マキムクの日代の宮

アサの国アジアAsia、ユフの国ヨーロッパEurope。あわせてユーラシアEurasia。その雄大さをうたったかと思わせる歌が、『古事記』（雄略）に出てきます。長文の中から、関係部分だけ引用します。

マキムクの日代の宮は、朝日の日照る宮、夕日の日がける宮…高光る日の御子…記100 ⑷

マキムク［纏向］は地名で、景行天皇の皇居所在地。この歌はもと景行天皇讃美の歌だったものが、なにかの事情で雄略天皇に結びつけ

られたと解されています。いずれも、みずから「日の御子」(太陽の子)を名乗り、ヒノモト全土の支配者として、前方後円の巨大古墳にねむる大王たちです。

　わたしは、コトダマカードm-kタイプ代表の文句として、この「マキムクの日代の宮」をえらびました。マキムクという地名に、いろいろ重要な情報やメッセージがこめられていると考えたからです。

　マキムクのマキは、動詞マクの連用形。動詞マクには［娶・巻・枕・蒔・任・罷・負・設・貯］などの意味用法があります。多くの漢字で書きわけられていますが、実は全部同源の一語だったかと考えられます。以下、イズミ流解釈をのべます。

　マク［娶］動四。めとる。※体をマキつける。
　マク［巻・枕］動四。巻く。枕にする。※手をマゲて、マキつける。（水流が山を）とりマク。
　マク［蒔］動四。種を蒔く。※種を地面におろし、その上に土をマキつける。
　マク［任・罷］動下二。①差し遣わす。②しりぞける。※人の行動をとりマク。マゲル。
　マク［負］動下二。負ける。※体をとりマカレル。
　マク［設・貯］動下二。あらかじめ用意する。マウクとも。※マゲル。マキつける。とりマク。→マケミゾ［儲溝］。⇔make, mechanic.
　マグ［求・覓］動四。※マ（接頭）ク［来］。
　マグ［勾・枉］動下二。曲げる。※ある目的をマギ求めてマゲル。⇔マク［巻・枕］。前項。

マキムクのムクについては、どうでしょうか。

　ムク［椋・椋］名。むく。※⇔mak木・目mu.
　ムク［向・平］動四。自動詞。※ム［産］ク［来］。目玉がムキ［剥］だしになる。⇔マク。make.
　ムク［向・平］動下二。他動詞。⇔マクmake.

　マブタをマキつける姿は、ねむる姿。夕日・日暮れの姿。マブタをマキあげ、目をムキだしにする姿は朝日がムクムク起きあがる姿。マキムクという文句は、天地の運行、男女の和合をあらわすシンボルでした。『万葉集』には、このマキムクをうたいこんだ歌が12首もあるほどです。

ヤマトコトバのマク・ムクなどm-kタイプのコトバは、上古漢語のm-k音語と、不思議なほどよく対応しています。たとえば、マク［莫］はモ［暮］の原字で、「草にとりマカれて見えない」「日が草原のかなたにマカル・モグリこむ」姿です。その基本義は、マク［幕・膜］（マキつける）、モ［墓］（草にマカレル・マギレル・モグル）にも見られます。モク［目・木］は、「マブタ・花・葉にとりマカれる、モグル」姿。見方によっては「ムクムク目をムク。成長する」姿です。
　m-kタイプの英語もいろいろあります。中でもmake, machine, mechanicとマク・マケ、mingle, amongとマガフ・マジハル・モグル、magicとマジナヒなど、とても偶然とは考えられないほどの対応関係が見られます。
　日代は日の城。つまり太陽の宮殿です。一日中天空をカケめぐった太陽が、夕暮れになって西方の大地・草原のかなたにマカル・モグル・mingleすることになります。見方によってはマケ［負］ですが、別の見方では、この宮殿で、大地とユフ［結］ことができ、元気をとりもどした太陽が、あくる朝はやくムクムク目をさまし、東の空へ立ちムカフ姿でもあります。

5．コトバ＝コトのハ＝ one cut

　k-tタイプは、ハレツ音同士の組みあわせで、日漢英ともそれぞれおおくのk－t音語がうまれています。コトダマカードでは、k-t音語代表に
　コトバ＝コトのハ＝ one cut
という文句をえらびました。
　k-t音の日本語は、動詞カツ［合］・クツ［朽］を中心に組織されているようです。カツ［合］（下二）は、もともとカツカル・ブツカル姿ですが、結果としてカチワル姿の意味になります。ほしい形にカチワル道具がカタ［型］。敵の頭をカチ割ればカチ［勝］。
　クツ［朽］（動上二・腐る）は、クタクタにカチ割られクダカレ、クヅレル姿。クタス［腐］（動四）はクツの他動詞。クヅ［屑］はクヅされた形＝cuts。クチ（口）やクツ［沓］は、食物や足を通すため、

中空にカットした姿です。

　コトはカタの母音交替。コト［事・言］もカタ［形・方・片］も、無限にひろがる事物のカタワレ＝one cut。コト［琴］は、カットされた空胴で共鳴させ、コト［言］をカタル装置です。

　現代漢語にはk-tタイプの音節がありませんが、上古漢語にはたくさんありました。分割のカツkat割geがその典型です。ガイ［害］は「カツカル・ジャマする」姿。カツ［割］は「刀でカチワル・サク・ワケル」姿となります。また、ケツ［決］（堤防決壊）、［穴］（穴居生活）、クツ［屈・掘・窟］なども、コ・U型にエグル、cutする姿です。

　英語ではIE語根kae-id (to cut)からcement, scissors, decideなどが派生したとされています。(5)

　セメントは、石灰岩をカチワリしたクズであり、カタク・カタマル性質があります。scissorsはカットするハサミ。decide (to cut) は、漢語「決定」のケツにあたります。suicideは、ジ［自］ケツ［決］というわけです。

　コトバは、形式的にはコト［事・言］のハ［葉・端］にすぎませんが、生きもの＝コトダマとしては、たいへん威力にみちたハタラキをします。たとえば山上憶良の歌に出てくる「言霊のサキハフ国」という文句がそうです。

　　…ソラミツ倭の国は…言霊のサキハフ国と語りつぎ言ひつがひけり…
　　　　　　　　　　　　　　　　　　　　　　　　　万894 (6)

　動詞サキハフには①豊かに栄える（四段。自動詞）、②幸あらしめる（下二。他動詞）。両方の意味用法があります。ここでは①の用法ですから、「コトダマが栄える国」と解釈すべきです。

　ところが、国語辞典でたしかめてみますと、サキハフ①（動四。自動詞）の項で、この歌を用例として採用しながら、コトダマの項では「…すなわち言霊の力によって幸福がもたらされる国」(7) と解釈しています。論理上あきらかにマチガイです。

　そこで、もういちど考えてみました。このネジレこそ、コトバがナマミの生きものだということの証拠かもしれません。はじめは「コトダマが栄える」意味だったものが、いつのまにか「コトダマが幸福をもたらす」意味に変身して用いられる。これと同様な現象は、ほかにもたくさんありそうです。この変身現象は、生きものとしてのコトバ

がもつ宿命であり、また「コトダマの威力」が発生するメカニズムだといってよいでしょう。

ところで、「コトバ」には、人の禍福を左右する霊力がある」と考えることは「未開社会の風習」にすぎないのでしょうか。それとも「現代社会にまでつづく風習」(8)でしょうか。新聞・テレビ・インターネットなどの現代社会こそ、「コトダマのサキハフ国」「コトダマ合戦の時代」だと、イズミは考えています。みなさまは、いかがでしょうか。

[注]
（1）イズミ　オキナガ「日漢英対照64音図のこころみ」2001。
（2）大野晋『日本語をさかのぼる』139頁。岩波新書911。
（3）『世界大百科事典』「アジア」平凡社、1964。
（4）『古事記』（雄略）。岩波文庫による。
（5）『A. H. D』第3版（1993）による。
（6）『萬葉集』（日本古典文学大系。1959）による。
（7）『時代別国語大辞典、上代編』三省堂。1967。
（8）前記『萬葉集』歌894頭注による。

9
ワケ・ワカル・ワレ・ワラウ
―w-k音とw-r音の系譜―

1. はじめに

　あさ新聞を読むとき、はじめに第1面の見出しだけ、さっと読みます。そのあと新聞全体を裏がえし、テレビ欄の手前、社会面に載っている四コママンガを読むのが習慣になっています。たいていは、どこにでも転がっているような話題。気楽に読んで、ちょっと笑って、じきまた忘れてしまう。それだけのことですが、それでいいんです。
　ところが、ときたま困ってしまうことがあります。せっかく楽しみにしていたのに、どうしても笑えない時です。なんべん読みかえしても、どこがおもしろいのか、ワケがワカラない。このヘタクソめ。マンガとして失格だ。つい憎まれ口をたたきたくなります。実際は老化現象とやらで、こちらの理解力が不足しているためかもしれません。でも、それを認めるのは、いかにもクヤシイのです。
　それはそれとして、「分かる」ことは「笑う」ことと関係がありそうです。ワケがワカラないことはワラエない。ワカリすぎるほどワカルと、ひとりでにワライだす。そのへんの仕組み＝メカニズムは、どうなっているのでしょうか。どんな生理現象あるいは心理現象として考えればよいかなど、あれこれ考えてみたいと思います。

2. ワライの五段活用

　「活用」という用語が適当かどうか。その問題は別として、日本人の笑いを表わす擬声語には、アイウエオ五段階のバリエーションがあるようです。
　アハハ・ワハハ＝大きく開いた口から、息がアフレ出る姿の笑い声。

開放的。男性的。
イヒヒ・キヒヒ＝横に引いたクチビルから、息がモレ出る姿の笑い声。
ウフフ＝すぼめた口から、こらえきれずに息がフキ出る姿の笑い声。
エヘヘ・ヱヘヘ＝アハハとイヒヒの中間の笑い声。へつらう姿。また、あざわらう姿。
オホホ・ヲホホ＝アハハとウフフとの中間の笑い声。おさえ気味。女性的。

　ごらんのとおり、アイウエオ五段というのは、じつはハヒフヘホ五段階のこと。ローマ字で書けば、ha hi fu he ho。このh-音は、笑う時に息が口からフキ出る、その息づかいを表す記号です。
　笑い声を表わす擬声語は、漢語や英語ではどうなっているのでしょうか。まず、漢語では、ハハ（哈哈）ha ha（ゲラゲラ笑う）とシシ（僖僖）xi xi（にっこり笑う）があります。両方あわせてシシハハ（笑いざわめく）ということもあります。
　英語では、動詞兼名詞でlaugh（笑う）smile（にっこり笑う）giggle（クスクス笑う）などがあります。英語辞典を見ると、laugh, giggleとも「もと擬声語」と解説しています。そういえば、日本語ワラウの歴史カナヅカイはワラフで、英語laughとそっくりの語音です。また、笑い声のクスクス・ケラケラ・ゲラゲラなどk・gの擬音語は、giggleとよく似ています。
　ここまで、笑い声や息づかいを表わす語音として、母音アイウエオのほか、h-・k-・g-などの子音は、息の流れがノドのあたりで摩擦したり（h-）、破裂したり（k-・g-）する姿を表わしています。
　また、ワハハ・ヰヒヒなどの笑い声は、wa・wi・wu・we・woのような語音と解釈されます。w-は、u-よりもっと小さく・丸く、口をすぼめる姿。waは、w-からa-に変化する姿。ワッとフキ出る姿。またワ［輪］の姿。このw-記号にh-記号をそえて、wha・whe・whoのように表記する方法も考えられます。
　ついでにいいますと、動詞ワラフ［笑］のフは、「息がフキ出る」姿にまちがいありません。ただし、ノドを摩擦して生まれるh-音というより、クチビルで生まれるp-・ph・fのような音です。

3. ワカルからワラウまで

　人間がワラウのは、生理的・心理的な現象です。どんなときにワラウか。病気やケガで苦しんでいる時、空腹でいらいらしている時などは、どうしてもワラウことができません。生理的・心理的緊張のため、ワラウどころではないワケです。
　このストレス状態から開放され、ワハハもしくはニッコリ・ニンマリできるまでには、いくつかの段階があるようです。
　①ワケがワカラない段階＝何がどうなっているのか、どこにどんな問題があるのか見当もつかないパニック状態。
　②ハカル・ワケル段階＝平常心をとりもどし、問題の性質を見ワケ、その数量をハカル。問題が起こったワケをしらべ、再発防止の道をハカル。測定・分析・計算の段階。
　③ワカル段階＝問題の実態がワカル。解決への道筋がワカル。対策処理がハカどる。からまっていた糸がすっきりワカレてくる段階。
　④ワラウ段階＝問題が解決して、精神的な緊張がとける。くいしばっていたクチモトがゆるむ、ワレル。胸にたまっていた息が、一気にワッとフキ出る、ワキ出る＝ワラウ段階。

4. ワク・ワカルの系譜

　さて、ワカルこととワラウこととの間に一定の因果関係みたいなもののあることがワカリました。たとえば、四コママンガを読んでワラウ場合でも、まずよくワカルことが絶対条件です。ワカリすぎるからこそワラウ・ワケです。
　それでは、日本語の語彙体系の中で、ワカルとワラウの二語は、それぞれどんなグループ（単語家族）に属し、どんな地位を占めているのでしょうか。また、漢語や英語の単語家族とくらべて、どんなことがいえるでしょうか。
　まず、上代日本語の中から、ワクwak-タイプの二音節動詞をひろってみます（各項※印以下はイズミの解釈）。

ワク［沸・湧］（四段）内から外へフキ出る。ワキ出る。発生する。ワカス（四段）に対する自動詞。※まわりからワカレル姿。→次項。

ワク［別］（四段）ワカツ。区別する。判別する。ワカル（下二）に対する他動詞。

ワク［別・分］（下二）ワケル。押しワケル。他動詞。※ワクで囲む姿。→ワク［枠］。

　ごらんのとおり、国語辞典は同音異義の三語としています。イズミの解釈では、もともと同源同音の一語です。とくにワク［沸・湧］とワク［別］は、活用形までおなじ四段活用です。別語とする理由はありません。一般に日本の国語辞典は、自動詞と他動詞、品詞のちがいなどを理由に、すぐ別語とする傾向があります。漢語（中国語）や英語の辞典では、まったく反対です。一つの単語に自動詞と他動詞の用法があったり、動詞用法と名詞用法があったり。それは、ごく普通のことです。

　単語の認定基準をどう設定するか。それは基本的な重要問題です。しかし、いまはまずワクwak-音語の本質にせまることに集中しましょう。そもそもワクとは、どんなコトバだったのか。国語辞典の注釈にたよるだけでなく、自分自身の音感覚で納得できるまで考えてみましょう。

　ワクは、ワ［輪］ク［来］のように分析できます。ワwa-音を発声する時の口形がワ［輪］型。つづいてクku音を発声する時、息の流れが声門のところでヒッカカリながら、ケトバスようにして、クチビルのワクからワキ出し、フキ出る。それがワク音です。胸がワクワクするのも、お湯がワクのも、清水がワクのも、基本的におなじ姿です。

　上代wak-二音節語は、ワクだけではありません。

ワカ［若］形状言。若くみずみずしいさま。※動詞ワク［別］（四段）の未然形・名詞形。母体からのワカレ。→ワキ・ワケ。

ワキ［別］区別。けじめ。※動詞ワク［別］の連用形・名詞形。→ワケメ・ワカレメ。

ワキ［腋・傍］①わき。腕の下。②かたわら。そば［側］。※胴体と腕のワケメ。→ワク。

ワケ［別］諸国を治める職。※中央政権のワカレ（分流。分遣。

→ワク・ワカ・ワキ。

ついでに、現代語の二音節名詞も紹介しておきましょう（『広辞苑』による）。

ワク［枠］①木・竹などの細い材で造った骨・輪郭。②物の四方を囲んでかいた線。※動詞ワク［別］（終止形）の名詞用法。［枠］は国字。

ワケ［訳］①道理を説きワケルこと。条理。事理。②意義。意味。③事のもと。理由。④すじ。事情。※動詞ワク［別・分］の連用形・名詞形。

さらに、上代の三音節動詞として、次のようなwak-音語が成立しています。

ワカス［沸］（四段）沸くようにする。ワク（四段）に対する他動詞。※→次項。

ワカツ［析］（四段）わける。別にする。ワカル（四段）の対。※前項。語尾ツはスの交替音。

ワカユ（下二）若やぐ。若くなる。ワカ［若］の動詞化。※ワカヤグ・ワカヤル。

ワカル［別］（下二）ワク［別］（四段）に対する自動詞。①分離する。区別がつく。②人が離れ去る。別れる。生別・死別する。※四段活用もあったか。→ワカル［分］理解する。

つぎに、ワク音をもつ漢字（漢語）をひろってみます（ローマ字表記は、上古音・現代音の順）。

ワク・カク［籰］hiuak＞yue。糸を巻く道具。※口型のワク［枠］。

ワク・カク［画・畫］huek＞hua。畑地の境界をクギル・カコム姿。※口型。

ワク・カク［獲・穫］huak＞huo。動物や作物を手で囲み、とりこむ姿。※口型。

ワク・カク［或・惑］huek＞huo。

或＝口型のワク（領域）を武器で守る姿。

惑＝口型のワクで囲まれ、ワケられた心。

このように見てきますと、日本語のワクと漢語のワクと、まるで双子の兄弟のようによく似ていることがワカります。

ついでに、英語のw-k音語をたしかめてみましょう（語根・基本義・

派生語の順)。

    weig- (to be lively) wake, waken, watch, wait, vegetable, vigor.
      ※共通基本義は、イキイキ・ワクワク・ワカワカしい姿。wake＝上下のマブタをワケル＝メザメさせる＝waken, watch＝目を大きくアケて見つめる。wait＝ワクワクしながら待つ。大地からワキ出る野菜vegetableが、活力vigorを人びとにワケ与える。

    wegh- (to transport in vehicle) weigh, weight, wagon, vehicle, convey.
      ※共通基本義は、ハコに入れてハカルweigh-。ハコブconvey姿。ワク付き・ハコ型ワゴン車＝ハコブのにハカどる。

5. ワル・ワラウの系譜

  ワク・ワカルなどw-k音のコトバが、日本語・漢語・英語のワクをこえて分布していることがワカってきました。では、ワル・ワラウなどw-r音のコトバはどんな分布になっているのでしょうか。まず、上代日本語war-グループのコトバを見てみましょう。

    ワラ［藁］（名）わら。稲・麦の茎を刈って乾かしたもの。※動詞ワル（四段）の名詞形。中空で、ワレている姿。もと擬声語と見てよい。

    ワラハ［童子］（名）①わらわ。童児。童女。②束ねずに下に垂らした髪。※動詞ワラフの未然形・名詞形。ワラビが成長した後の葉の姿＝大口をあけてワラウ姿。

    ワラフ［咲・笑］（動四）①声を出して笑う。②あざける。※ワラ（ワレたクチビル）から息がフキ出る姿。もと擬声語。→laugh.

    ワル［破］（動四）割る。打ち砕く。他動詞。※ワ［輪］（中空）の姿にスル。→ヤブル。

    ワル［破］（動下二）自動詞。①割れる。砕けさける。②心が乱れる。※ワ［輪］の姿にナル。

    ワレ［吾・我］（代名）一人称。※ワ・ワロ、またア・アレとも。ワレ［割］か。

w-r音動詞は、ワル［破］だけではありません。ヰル［居・坐］（上一）・ヰル［率・将］（上一）エル［彫］（四段）・ヲリ［居・坐］（ラ変）・

ヲル［折］（四段）などがあります。ここではエルグループだけ紹介します。
　　エラク［歓喜］（四段）笑い興じて楽しむ。満悦する。※エラ＝動詞エル［彫］の名詞形。魚のエラ［鰓］。アゴの骨。エラク＝ヱサをカミくだき、楽しむ姿。擬声語。
　　エラエラ（擬声語）笑い楽しむさま。※→エラク well(good).
　　エル［彫］（動四）彫刻する。きざむ。ほりつける。※口形をヱ we の姿にスル。※well 井戸。
　つぎに、漢語ですが、現代漢語にはw-rタイプの音節がありません。ただ、日本漢字音がワ・ヰで、上古音がwarタイプと推定されるコトバがあります。
　　ワ・カ［禾・和］huar＞he。まるく垂れるアワ［粟］の穂。また、まるい粟つぶ。※○型。
　　ワ・カ［窩・渦］uar＞wo。まるいアナ。うずまき。※ワ［輪］＝○型。
　　ヰ［委］iuar＞wei。ゆだねる。しなやかに垂れ曲がるさま。
　ワ・ヰなどのワ行音は、クチビルをいっぺんw-型にすぼめたあと、aやeなどに移動する音です。ぎゃくに、この語音を聞いてすぐ○型の姿を連想することもできます。つまり、擬声語のモトみたいな語音です。日本語・漢語・英語というワクをこえて、よく似た音感覚のコトバが生まれるのは、むしろ当然といえるかもしれません。
　その問題もふくめて、最後に英語のw-r音語についてたしかめてみましょう。日本語とちがって、英語ではw-rとw-lと両方あります。ここでは、w-l音のコトバだけとりあげます。
　日本語のワラウにあたる英語はlaughとsmileでしょう。laughというコトバが擬声語系だという点については、さきに紹介しました。日本語ワラウの歴史カナヅカイはワラフで、語尾のフph-音が声（息ヅカイ）のフですから、そのままlaughのgh音に通じます。ワラフとlaughの二語は、共通の音感覚から生まれたと考えてよいでしょう。
　smileにあたる日本語は、エム・ホホエムくらいでしょうか。smileは語根smei-からの派生語とされていますが、ワク・ワル音と縁がうすいので、ここでは取り上げません。それよりも、日本語ワル・エルなどにそっくりの英語音を見つけましたので、ご紹介します。
　　wel-1 (to wish, will) well2, wealth, will1, will2.　※共通基本義は、

○型ワク（クチビル）から息がワキ出る姿。wish＝願望。will＝意志。そこからやがて健康wellや富wealthがワキ出る。→ウエル［植］。

wel-2 (to turn, roll) walt, willow, walk, well, valley. ※共通基本義は、○型にナル。曲がる。転がる姿。ワルツ＝コンパスで輪をえがく姿で両足を動かす。大地をワル［割］＝アルク＝walk。○・口型のワ［輪］・ワク［枠］のワレメから、水がワキ出る井戸＝well。ワレル［割］大地＝谷＝valley。

ここまで考えてきて、ひとりでに思いついたコトバがあります。日本語のウエルという動詞です。上代語でウウ［植・殖］とウウ［飢］（ともに下二）。現代語でウエル［植］とウエル［飢］。歴史カナヅカイではウヱル。もともとヱル［彫］と同源で、ワ［輪］やワク［枠］の中にホリこむ・ウメこむ姿です。つまり、「穴の中に草木の種をウエル」姿は、「口の中へ飲食物をウメこみ、ウエをしのぐ」姿に通じます。その姿は、やがて英語well（井戸）やvalley（大地のワレメ）にも通じます。

10
「64音図」のすすめ
―21世紀日本語の世界戦略―

1. はじめに

　さいきん、新聞・雑誌・テレビなどで、コトバにかんする記事や番組を見たり、聞いたりします。
「若い人たちの日本語が乱れている」
「小・中学生の漢字ヨミカキ能力が落ちている」
「パソコンで、同音異義の変換ミスがおおい」
「役所から来る文書に、カタカナ語がいっぱい」
「小学校や幼稚園で英語教育、是か非か」など。
　どれもこれも、待ったなしに解決を求められている問題ばかりです。しかし、「急がば回れ」ともいいます。ここでは「日本語とはどんなコトバか」「コトバが通じるとは、どんなことか」「そこで、21世紀日本語の課題はなにか」順番に考えてみたいと思います。

2. コトダマのサキハフ国

「日本語は純粋種か。それとも雑種か」
　だれがどう見ても、現代日本語は雑種です。ヤマトコトバと漢語とカタカナ語がいりまじったチャンポン語です。漢語やカタカナ語は、もともとは外国語ですが、いまはだいじな日本語構成員。かれらをぜんぶ追放したら、日本語はたちまち機能停止の状態になるでしょう。
「現代日本語はチャンポン語でも、ヤマトコトバは純粋種だ」
　そうお考えの方がおおいかと思います。じっさいは、どうでしょうか。『時代別国語大辞典・上代編』(三省堂)の「上代語概説」を読んでみると、

上代語とは…7、8世紀奈良時代の言語…地域的には朝廷のあった大和、奈良地方の、また階級的には上層階級である貴族階級のことばが中心…と解説しています。「上層・貴族階級のことばが中心」ということは、そのまわりに「下層・庶民階級のことば」があったということです。ヤマトコトバは単純な純粋種ではなかった。複雑な構造の言語、つまりチャンポン語だったことが分かります。
　ヤマトコトバがチャンポン語だった証拠の一つに「枕詞の修辞法」があります。たとえば、
　　ソラミツ　ヤマト［倭］の国は…コトダマ［言霊］のサキハフ国…（万、894、山上憶良）
　ヤマトにかかる枕詞は、「ソラミツ」のほか「アキヅシマ」や「シキシマノ」があります。これら枕詞とヤマトの関係をどう考えればよいか。わたしは一種の「同義異音」関係と見ています。「一つのコトバをちがう音韻感覚のコトバに翻訳する修辞法」です。「トブトリのアスカ」「ハルヒのカスガ」「シナザカル　コシ」などもおなじ。また「武士というサムライ」「オンナの婦人」などと同類。漢語でいえば、「山岳」「河川」「海洋」なども同類。「同義異音」の方言を二重に使って、共通語＝チャンポン語流通回路をつくる方法です。
　なお、コトダマのサキハフ国とは、もと「いろんな種類のコトダマがサキ［割・裂］ハフ［延・匍匐］、サカエル国」の意味。「コトダマがサチ［幸］あらしめる国」というのは、派生的な意味用法です。
　さて、ヤマトコトバがもともとチャンポン語だったとして、漢語や英語などはどうか。調べてみると、どれもみな似たりよったりです。漢語を話すのは漢民族。そのまわりに、数十の少数民族がいます。現代漢語は、漢民族語を中心に、それらの民族言語を一部とりこんだチャンポン語です。英語にしても、たとえば英語辞典の語源解説を見ると、外来語のおおいこと、びっくりするほどです。
　そもそもコトバとは、気心の知れない他人同士が、なんとか意思を伝えるために発明した道具。妥協の産物。チャンポン語こそ、異民族同士、共存共栄のために生み出したコトダマ流通回路です。外来語を拒否する民族にサカエなし。チャンポン語ばんざい！　21世紀日本語にサカエあれ！

3. コトダマの流通回路

「コトバが通じるとは、どういうことか。どんな条件が必要か」

まず、コトバとコトダマという用語について、語音構造の面から整理しておきましょう。

コトバ＝コト［事・言］ハ［端・葉・羽・刃］

コトダマ＝コト［事・言］タマ［玉・球・弾・霊］

コトバは、コトのハ。モノゴト・モノガタリのカタワレ。英語風にいえば、one cut of the language. くらべて、コトダマは、コトバのタマ。音声が空中をトビまわる、その機動力に注目したコトバです。たしかに、コトダマはトビ道具です。コトダマの基本は音声言語。ヒトの大脳が指令し、発声器官で調整され、口からトビ出し、空中をトビまわり、ヒトの耳にトビかかり、その心をウツ。鉄砲ダマのようなハタラキをします。

コトダマがトビ道具として威力を発揮するには、コトダマの流通回路が必要です。その回路には、音声言語と書面言語と二つのコースがあります。

音声言語の回路＝大脳→発声器官→音波→聴覚器官→大脳。

書面言語の回路＝大脳→視覚器官（目）・手→モジ（書面）→視覚器官（目）→大脳。

さいきん、ラジオ・テレビ・インターネットなどをとりこんだ回路も使われますが、基本原理は共通です。発信者が出した信号をそのまま受信者までとどけること。これがコトダマ回路の役割。途中どこか不備な点があれば、「流通速度が落ちる」「回路が通じない」などのトラブルにつながります。

トラブルの原因としておおいのは、話し手と聞き手、発信者と受信者が、共通するコトバを持たない、つまり音韻感覚が一致しない場合です。日本人同士であっても、年齢・階層・学歴・職業などによって、音韻感覚がちがうことがあります。

音韻感覚とは、コトバを発声するとき、発声器官に生まれる感覚。コトバと発声器官の姿や感覚とのあいだに、ある種の対応関係が生まれる。それがコトダマ回路の原理です。コトバと事物は、一対一の対応関係を持つことができません。コトバは、音韻感覚＝コトダマ回路

を通して、事物の姿をあらわし、伝えることができるだけです (1)。
　人類の発声器官の構造や機能は、どの民族も大同小異です。その点からは、諸民族の言語も大同小異であってよさそうですが、実際はそう簡単ではありません。民族言語には、それぞれ独特の音韻感覚があり、独特の流通回路ができています。たとえば日本語の場合、ヤマトコトバ独特の音韻組織原則があり、「五十音図」という流通回路にのることができます。しかし、漢語やカタカナ語は音韻感覚がちがうので、「五十音図」の回路にはのれません。だからといって「規格にあわない漢語・カタカナ語は追放」というわけにもゆきません。また「五十音図の改造」というのも、むつかしそうな話です。

4. コトダマ回路の歴史

　コトダマは一瞬のイノチ。音声言語は、発声した瞬間に消えてしまいます。また、遠くにいるヒトの耳までは聞こえません。つまり、コトダマの効果には、時間、空間とも制限があります。その制限をのりこえる流通回路を開設したのが、モジの発明です。音声言語の回路を土台にして、あらたに書面言語の回路をひらく。時間・空間にわたり、コトダマの威力を無限大に高める。まさに画期的な発明です。
　日本語のコトダマ回路が、どのようにして生まれ、育ってきたか。その歴史をふり返ってみます。
　①モジのない時代…語り部の時代。コトダマの保管方法は、ヒトの大脳の記憶装置にたよるだけ。やがてヤマト地方を中心に各地方のコトダマが連合し、ヤマトコトバ＝日本列島語の共通回路が成立。その原理を示すものが「五十音図」。
　②漢字の伝来とカナの発明…漢字伝来で、日本語ははじめて、コトバを記録・保存する手段を持つ。漢字は、もと漢語にあわせたモジ。ヤマトコトバの流通回路としては不便なので、表意モジの漢字を表音モジに転用（万葉がな）。やがてカタカナ・ひらがなを発明→『古事記』『万葉集』『源氏物語』
　③漢字とカナのせめぎあい…漢字・漢語・漢文は、上流特権階級のための「モジによるコトダマ回路」をつくる。漢字から生まれたカナ

は、女性や中下層階級のためのモジ回路をつくる。やがてドッキングして、「漢字・カナまじり文」を生みだす。

④ローマ字との出会い…キリスト教や鉄砲などが伝来。西洋のコトバ＝カタカナ語が広まる。音韻感覚が「新鮮」と歓迎され、「奇妙」ときらわれる。ローマ字は広まらない。「モジはかならずタテガキ」の固定観念。幕末1862年江戸で発行された『英和対訳袖珍辞書』は、各ページ左側半分に英語をヨコガキ、右半分に日本語訳をタテガキに印刷。(2)

⑤21世紀日本語のコトダマ回路…ヤマトコトバと漢語・カタカナ語のチャンポン語時代。ヤマトコトバの流通回路として設定された「五十音図」は、漢語・カタカナ語の流通回路としては、ほとんど無能。「21世紀日本語共通音図」は、まだ提案されていない。

5.「50音図」から「64音図」へ

21世紀日本語のコトダマ回路を設定するには、どうしたらよいか。てっとりばやい方法は、「五十音図」を見直し、手直しすることです。ふつう「五十音図」はカナで書きますが、これをローマ字で書いてみると、ヤマトコトバの音韻組織原理がよく見えてきます。たとえば、カナでカ・サ・タはそれぞれ1字ですが、ローマ字ではka, sa, ta…それぞれ2字となります。単純な1音だと思っていたカ（サ・タ）音が、実は子音k (s, t)と母音aを組みあわせた音だったことが、実感として分かります。

「日本語は音節まで分解できるが、音素まで分解することはできない」という人もいます。しかし、そんなキマリはありません。「カ行音」「サ行音」などの用語があること自体、「カ（サ）行五音の共通基本義をあらわすもの＝k子音」を認めている証拠です。「50音図」は、「子音が基本義を決定し、その範囲内で母音がニュアンスのちがいをあらわす」という、ヤマトコトバの組織原理を図解したものです。

国語文法では、「語根」よりも「語幹」ということが多いようですが、単語の認定基準や家族関係を考えるには、やはり語根をたしかめることが必要です。たとえば、動詞ク［来］の語形は、コ・キ・ク・クル・

クレ・コと変化し、語幹ゼロです。共通項がゼロで、どうして一語と認定できるのか。それは、語根kを共有するからです。この解釈は、「コトバの意味を決定するものは子音であり、母音は関係しない」という言語学の通説とも一致します。さきほどのカ（サ・タ）行音の例でいえば、子音k（s・t）が各行五音の語源となり、基本義をきめることになります。この点については、大野晋氏も「子音終わりの語根がある…アサ（朝）、アシタ（朝・明日）、アス（明日）、アサテ（明後日）の語根はas-」と認めています。(3)

このように見てきますと、「50音図」のワクはそのままでも、音節モジを音素モジ（ローマ字）に変えるだけで、コトダマ回路としての能力は質・量とも大幅に改善できそうです。

これまで日本国内でも、「カナモジ論」や「ローマ字論」などの議論はありました。しかし、「50音図」の見直し論とか改造論など、あまり聞いたことがありません。それがぎゃくに、日本に留学経験のある中国人から「五十音図修正提案」を出されたことがあります。「50音図各行の子音をあらわすモジ（k, s, t）を追加採用せよ」という趣旨です。(4)

「灯台下暗し」「木を見て、森を見ず」日本人自身、かえって気づきにくい問題ですが、この種の議論はぜひ必要だと思います。そして、せっかく「50音図」を見直すのなら、50年、100年先まで見とおして、あらたな音図づくりを考えてみよう。それがわたしの提案です。

よい音図の条件は、できるだけ合理的で、分かりやすく、しかも実用的で便利ということです。そこで、わたしの提案は「八音図」と「六十四音図」、二段階の音図づくりです。(5)

「8音図」は、音素表のようなもの。すべての単語を音素まで分解。8個の音素グループに再編成。「50音図」のア・ヤ・ワ行をまとめて1グループ。ほかの七行の子音と合計8グループとします。

八音＝a (e, i, o, u, y, w), k (g, ng, h), m, n, p (b, f, v), r (l), s (z), t (d).

「音素段階では、日漢英の音韻感覚は大同小異」とすれば（「音象徴論」）(6)、この「8音図」はチャンポン日本語の共通回路として利用できます。ただし一音語に対応する「一次元の音図」なので、複音節語のおおい現状に対応しきれない心配があります。そこで、8音の順列組みあわせで「64音図」をつくります。「二次元の音図」ですから、

ケタちがいにおおくの「複雑な音韻構造のヤマトコトバ・漢語・英語など」に対応することができます。

ローマ字つづりのヤマトコトバ・漢語・英語などを「64音図」にのせて比較すれば、民族のワクをこえて共通する音韻感覚をとらえることができるはずです。たとえば、

［k-t］カツ・カチワル⇔カツ［割］⇔cut

［k-r］クルクル・コロガル・クルマ⇔コロ穀轆gulu⇔car, carry, cycle, wheel.

［p-k］ヒク［引・弾］・ヒゲ（顔面の杭）・ヒコ［日子・彦］・ヒケタ［引田］（開墾地）・ヰヒカ［井氷鹿］⇔ヘキ［辟］（辟王）・ヘキデン［辟田］（墾田）⇔pick, picker, pike, picket, picked field, well-picker（井戸掘職人）

6. 21世紀日本語の世界戦略

ここまで「日本語とはどんなコトバか」「コトバが通じるとは、どんなことか」考えてきました。また、21世紀の基本的な課題として「50音図」の見直しをとなえ、「64音図」を提案しました。この「64音図」によって「チャンポン日本語のコトダマ回路」がひらかれ、この回路を利用して「21世紀日本語の世界戦略」を展開することができると考えています。

ざんねんながら現状では、こうした日漢英共通コトダマ回路を自由に使えるのは、ごく一部の人たちに限られています。しかしこのさき十年ほどのあいだにでも、過半数の日本人がこの種のコトダマ回路をモノにするだろうと、わたしは予測しています。「そんな器用なことができるか」といわれるかもしれません。でも、日本人にはできるはずです。表意モジの漢字から表音文字のカナを発明し、「五十音図」を発明してきた日本人です。26字しかないローマ字をおぼえたり、「六十四音図」を使ったりできないはずがありません。

くりかえし提案します。まずは、小学1年生からカナといっしょにローマ字つづりになれさせること。音素モジになれることは、やがてコトバや心が世界にひらかれることです。そこでとぎすまされた音韻

感覚は、第二、第三言語の習得にも役だちます。「64音図」は、帰国子女や外国人が日本語を習得する場合にも利用でき、同様の効果が期待されます。

［注］
（1）いずみ・おきなが「仮説・象形言語説」『コトダマの世界』10頁。1991・社会評論社。
（2）堀孝彦「初の英和辞書草稿は語る」北日本新聞社。07・4・4。
（3）大野晋『日本語をさかのぼる』138頁。岩波新書911。
（4）董公恕（中国哈密鉄路医院医師）「五十音図修正提案」『カナノヒカリ』908号。15頁。
（5）イズミ・オキナガ「日漢英対照・六四音図のこころみ」2001・2。
（6）大森良子「擬音語・擬態語・音象徴」『プログレッシブ英語逆引き事典』23頁。1999・小学館。

11
コトバはカタリのワンカット

1. はじめに

　こんど『現代日本語音図』という作品をまとめました。それは「ヤマトコトバと漢語とカタカナ語の共通音図」を作る作業です。どうしてそんなものを作る気になったのか。それは、現代日本語が「ヤマトコトバと漢語とカタカナ語のチャンポン語」だという現実を見て、「現代版・50音図」が必要だと判断したからです。

　ヤマトコトバと漢語とカタカナ語は、もともとまったくの外国語同士です。そのままでは相互に通用しないのが当然です。文法・語法のちがいどころか、基本になる単語、さらには音節の構造がちがいます。そのちがいをのりこえてチャンポン語を使いこなすには、それなりの準備や手続きが必要です。

　まずヤマトコトバの音節構造は、基本的にCV型。たとえばカka、サsa、タtaの語尾はすべて母音。子音止まりの語尾はゼロ。このCV型に対して、漢語の音節は基本的にCVC型。たとえば本ben、傘san、名ming、光guang。子音と子音のあいだに母音をはさむサンドイッチ型です。現代漢語には、国guo、肥fei、割geなど、語尾子音が脱落して母音化したものがあります。しかし、もとの上古音はそれぞれkuek, biuer, kat、つまりCVC型と推定されています。「50音図」はCV型音節専用なので、CVC型の漢語音節をのせることができません。

　カタカナ語にはいろいろありますが、ここでは英語の音節構造について考えてみましょう。英語音では、ヤマトコトバや漢語にはないタイプの音節構造が出てきます。class, glass, stand, stopなどの二重子音、strike, street, screen, springの三重子音などがそうです。これらのコトバも「50音図」にはのせることができません。

　ヤマトコトバだけで生活していた時代には、「50音図」＝「日本語

音図」でした。しかし現代は、漢語やカタカナ語をふんだんに使う時代です。ヤマトコトバだけでなく、漢語やカタカナ語にも利用できる共通音図が求められています。「50音図」をバージョンアップして、できるだけ合理的で、しかも便利な「現代日本語音図」を作りあげること。それが現代に生きる日本人、わたしたちの責任です。

そんなメンドクサイことできるかという人がいるかもしれません。いや、できますとも。その昔、漢字という表意モジからカタカナ・ひらがなという表音モジを作り、やがて「50音図」を作りあげた日本人です。できないはずがありません。

ただし、音節構造が異なる言語の共通音図を作るには、音節単位での音図づくりはムリです。音節ではなく、音素単位で表記する。つまり、ローマ字表記が必要になります。この点でも、別に心配はいりません。漢字の本家、中国では50年前から、小学1年生にまずローマ字つづりを教え、漢字のヨミカタ（共通語）指導に利用しています。

さて、本題にはいりましょう。今回は、コトバというコトバのk-t音にこだわって、k-t音が表わす意味をさぐることにします。ヤマトコトバと漢語と英語、それぞれにどんなk-t音語が成立しているか。また三つの言語のあいだに、なんらかの共通点が見られるかどうか。できるだけ具体的にさぐってみたいと思います。

2. k-t音のヤマトコトバ

k-音は、イキの流れがノドの奥でヒッカカリ、ハレツする子音。t-音は、舌のさきを上ハグキにつけてイキの流れを止め、ハレツさせる子音。したがってk-t音のコトバには、「カタイものがヒッカカル、カツカル、ブツカル」姿があり、やがて「カチワル、カチトル」などの意味用法が生まれます。このことは、ヤマトコトバでも漢語でも英語でも、ほぼ共通に見られる現象です。

まずヤマトコトバについて、国語辞典 (1) で調べてみます。上代2音節動詞として、つぎの5語が成立していたことがわかります。なお、以下各項とも※印のあとに、筆者の解釈をそえます。

カツ［勝］四。勝つ。※→カツ［合］・カチワル。

11 コトバはカタリのワンカット

　カツ［合］下二。あわせる。いっしょにする。
　カツ［勝］下二。補助動詞。〜できる。※⇔get.
　クツ［朽］上二。腐る。→クタス。※→クヅ［屑］。
　ケツ［消］四。消す。→キユ・ク［消］。
　ここで、大河ドラマ「新撰組」の一場面を思いだしていただけますか。わかい隊士たちが剣術を練習している場面。ミケン［眉間］に小さな皿を当てがい、ハチマキで止める。この皿をカチワルことがカチ［勝］をカチトルことになる。たいへん明快な判定法です。またクツ［朽］とケツ［消］は、カチン、ガツンとカツカル、その結果クタクタ、グニャグニャにクダケル、クヅ［屑］になる姿です。
　つぎに、動詞以外の２音節語をひろってみます。
　カタ［方］名。①方向。②対をなす一組の中の一方。※分割された
　　カタワレ。→カツ。⇔cut.
　カタ［肩］名。※cutされた体形。
　カタ［形・象］名。①かたち。②図。③象。
　カタ［潟］名。潮が満ちると隠れ、潮が引くと現われる場所。※
　　cutされた地形。
　カタ［条・葛］名。かずら［蔓］の類。つる草のように細長くのびたもの。※細いツルで空間をcutする姿。⇔kad葛ge。cutter.
　カタ［象］名。卜象。占いのために焼かれた鹿の肩骨などにできたひびの割れ方。※→カタ［形］。
　カタ［片］形状言。①１組になったものの一片。不完全な形。②一方に偏している。※→カタ［方］。
　カタ［頑］形状言。おろかである。※→前項。
　カチ［歩］名。徒歩。※コンパスのように、両足で地面をカチワル
　　動作。→次項。⇔cutting.
　カヂ［梶・櫂］名。ろ。かい。※水面をカチワル姿。⇔kat割ge。
　　cutting, cutter.
　カヂ［楮・穀］名。かじの木。※皮をカチワリ、紙などを作る植物。
　　⇔cutting.
　カヂ［鍛］名。金属類を鍛え、種々の器具を作ること。その業者。
　　※カチカチ、ガチガチ、キタエル姿。→カツ。カチ。⇔kat割ge。
　　cutting.

カツ［且］副。①一方で。②不十分ながら。※動詞カツの副詞用法。
カテ［糧］名。貯蔵された糧食。→カリテ。※①地面からcutしたもの。②別の用途にcutした分。
カド［門］名。門。表口。※出入口としてcutされた空間。
カド［才］名。才能。※カド［角］ばる姿。カツカル、カチワルもの。⇔kad介jie。
キタ［北］名。北。※キダ［分・段］と同源か。
キダ［分・段］名。キザム［刻］のキザと同じ。①切れ目。②布帛を数える助数詞。
キダ名。魚のエラ［鰓］の意か。※前項。
クダ［小角］名。軍陣に用いられた笛。もとは角製、のちには竹製も。※中空にcutされた筒型。また、cutする道具。→クダ［管］・クツ［沓・靴］。⇔クツ［屈・掘・窟］。cut.
クチ［口］名。①口。②口を動かすこと。③入口。※動詞クツの連用形、また名詞形。→前項。
クチ［嘴］名。たか。朝鮮語に由来するか。※するどいクチバシを持つ鳥。→前項。
クツ［履・沓・靴］名。はきもの。※足を入れる部分をcutした構造。動詞クツの名詞用法。→クツ［朽］・クチ［クチ］・クヅ［屑］。→クツ［窟］。
クヅ［屑］名。くず。かけら。※cutされたcuts.→クツ［朽］・クヅル・ケヅル・カス［滓］。
ケタ［桁］名。直立した柱の上に水平に渡した材。※柱と柱の中間をケヅリとる姿。⇔ゲタ［下駄］。
コツ名。くず。ごみ。※⇔クヅ［屑］。cuts.
コト［琴］名。こと。※中空にcutされた共鳴装置を持つ楽器。
コト［言・辞］名。①ことば。言語行為。②ことばで表現された内容。③うわさ。［考］コト［言］とコト［事］とは、語源的には一つのもの。区別が明瞭でないものが多い。※連続する言語行為のワンカット。
コト［事］名。①こと。事柄。②行動・仕事。③事件。※連続する現象のワンカット。
コト［殊・異・別］異なっていること。［考］形式名詞コト［事］

からの転成。※コトは、カタの母音交替。意味も大同小異。ただし、コトこまかに見れば、コトゴトに、コトゴトク、コトナル。
コト副。おなじこと。どうせ。※おおまかに見れば、いずれも大同小異。→前・次項。
ゴト［如］助動詞ゴトシの語幹の独立用法。

　以上、2音節のヤマトコトバについて見てきました。ここで、ヤマトコトバの組織原則が見えてきます。つまりk-t音動詞を中心にしてk-t音の品詞語が生まれ、k-t音の単語家族が組織されているわけです。この原則は、3音節以上の単語についてもおなじです。たとえば動詞カツの名詞形カツから、3音節動詞カタス［鍛］・カタヌ［束］・カタム［堅］・カタル［語］、4音節動詞カタドル・カタヨル・カタラフなどが生まれています。

3. k-t音の漢語

　つぎに、k-t音の漢語はどうなっているか。漢和字典 (2) でたしかめてみます。以下、日本漢字音（カナ）・上古推定音（ローマ字）・漢字・現代音（ローマ字）の順で表記します。

カツ
　hat喝he。①ハッとどなる。相手の行動を制止する。②なに。③水を飲む。※⇔har何he。
　kad葛ge。くず。茎がかわいてつる状。汁が出ない植物。※大地をcutして根を張りカタメ、空間をcutしてツルを張りカタメル姿。⇔クヅ［屑］・クズ［葛］・カヅラ［蔓］。
　ket渇ke。のどがかわく。※水分がcutされる。カツエル、キレル、カレル姿。⇔カル［涸］。
　kat割ge。わる。※カツカル結果、カチワル。⇔カル［刈］。ガイhad害hai。→障害物。cut, hat轄xia。くさび。※車輪が車軸から脱落しないようにカチコム、ワリコムもの。
　huat活huo。生きる。※まわりの障害物をカチワリcutして、クツログ環境をカチトル姿。⇔カツカツ（勢いの盛んなさま）・キトキト。

kuat括kuo, gua。くくる。束ねる。※くりぬいた穴の入り口がくびれる姿。⇔カトル［主・制］。

kuat刮gua。そる。こすり削る。※⇔ケヅル。

キツ。

ket乞qi。乞う。※イキや蒸気がクル、ユクさま。→乞食。⇔ケ［気］。キkied気qi。

kiet吃chi。①どもる。②たべる。キッチリつまる姿。※ガツガツたべる姿。

kiet迄qi。いたる。およぶ。～まで。※～までキタル［来至］姿。

kiet吉ji。よい。※キッチリつまる姿。⇔good。

kiet詰ji。つめる。つまる。※→前項。

kiet髻ji。もとどり。たぶさ。※→前項。

クツ

kiuet屈qu。かがむ。まげる。※⇔クヅル。

giuat掘jue。ほる。※キダキダの姿にする。⇔クツ・クダク・クヅス・ケヅル。

kuet窟ku。ほら。あな。いわや。※ケヅリとられた穴。⇔huet穴xue。ケツ［消］。

ケツ

ket結jie。結ぶ。※キッチリ、カタク締める。

kiuat厥jue。①気絶する。②その。※ひっかけてカットバス石弓の姿。

kiuat蹶jue。①けつまづく。②たつ。※くぼみに足をひっかけ、がばっとはねおきる姿。

kiuat蕨jue。わらび。※グッタリかがむ姿。

kuat決jue。きめる。きまる。えぐる。※水流が堤防をコ型にえぐるさま。→カイkuad夬guai。①わける。②ゆがけ＝弓を引くとき弦を引っかけるコ型の道具。⇔ケツ［消］・ケヅル［削］。

kiuat缺que。欠ける。※土器がコ型に欠けて、穴のあくさま。⇔キダ・キズ。cut.

kuat抉jue。えぐる。※指をカギ型に曲げ、引きかけてえぐりだすさま。

kuat玦jue。おびだま。※一部cutした姿の玉。

コツ
　guat 骨 gu。ほね。とりわけ関節部分。※一方の骨の先端部をえぐり、そこに他方の骨の先端部をはめこむ構造。クツロギがあり、屈折自由。⇔クツ［履・沓］。カツ huet 滑 hua。
　ついでに、日本漢字音カイ、上古漢語推定音 k-t 音のコトバをいくつか追加して紹介します。
カイ
　kad 介 jie。はさむ。たすける。ひとり。※両側に分かれる。→介在・介紹・⇔カド［角・門］。
　kad 界 jie。田畑の中に区切りを入れる。両側に分けるさかい目。
　kad 芥 gai。①からしな。②あくた。③微細なもの。⇔クヅ［屑］・カス［糟・滓］。cuts.
　huad, k'uad 会 hui, kuai。→会合・会計。※カチアウ姿。⇔カツ［合］。gather, together.
　huad 絵 hui。絵画。日本語のヱ［絵］は字音語か。※各種の色をカチ合わせる姿。⇔前項。
　kuad 膾 kuai。なます。※いろいろな肉や魚をクッツケル姿。⇔前項。
　kad 蓋 gai。ふた。※本体にカツケル、クッツケル、かぶせる姿。

4．k-t 音の英語

　英語音については、幸い「インド・ヨーロッパ語の語根とその派生語」の一覧表が英語辞典にのっています。(3) その中から k-t 音のコトバをひろってみます（語根・基本義・派生語の順）。
ghedh-［to unite 固める］→good 良い。together 共に。gather 集める。※⇔カツ・カタム。kiet 吉 ji・ket 結 jie・huad 会・絵 hui・kuad 膾 kuai。
ghed-［to seize つかむ］→get 得る。forget 忘れる。guess 当てる。※カツカル、カチトル姿。
kad-［to fall 落ちる］→cascade 滝。case 事例。chute 急な坂。decay

腐る。※⇔クツ・クダル。

kae-id- ［to strike 打つ］→cement セメント。circumcise 割礼を施す。decide 決定する。suicide 自害。※カチワル姿。⇔カツ［割］。ケツ［決］。

ked- ［to yield 譲る］→cede 割譲する。cession 譲渡。※一部をケヅル、cut する姿。⇔ケツ［消］。

kueit- ［white 白］→white 白。wheat 小麦。※不要な部分をケヅル、cut する＝脱穀・製粉・精白。⇔カツ［搗］・クダク・ケヅル。

5. まとめ

　ここまで、ヤマトコトバ・漢語・英語のk-t音語について、語音と基本義、また語根と派生語の関係を見てきました。結論として、k-t音にかんするかぎり、三つの言語の音韻感覚は大同小異だといってよいでしょう。ヤマトコトバと上古漢語とよみくらべていると、まるで双子の兄弟かと思われるほど、音義ともによく似た単語がゾロゾロ出てきます。ぎゃくに、ヤマトコトバの方が漢語よりも英語に近いのではと感じられることもあります。

　いずれにしても、コトバはコト［言・事］のハ［端・葉］、カタリ［語］・ストーリーのワンカット。ヒトコト・カタコトはクズ［屑］・カス［糟・滓］・cutsの姿。極端なことをいえば、ガスgasも超のつく微粒子。壮大なモノガタリをカタリだす姿は、その微粒子のカズをひとつひとつカゾエあげる姿だと見ることができます。

　日本語・中国語・英語などの民族言語は、それぞれ人類語の一方言だと考えてみましょう。それぞれの特色とか相違点をあきらかにすることも必要ですが、ぎゃくに相互の共通点を見つけだすこともたいせつです。たとえば、あるk-t音タイプの単語家族(語根と派生語の関係)を日漢英共通の音韻感覚でとらえることができたとします。すると、音韻感覚が数倍するどくなり、コトバを理解したり記憶を定着させたりするためのエネルギーも数分の一に節約できる計算になります。

［注］
　本稿でとりあげた語彙資料は、主として次の辞典類から採集させていただきました。
（１）『時代別国語大辞典・上代編』三省堂・1967.
（２）『学研・漢和大字典』学習研究社・1978。
（３）『The American Heritage Dictionary of the English Language, 3rd Edition』1993。

12
タク・ダク・タクル・タックル

1. はじめに

　「総理の国語力」が話題になりました。麻生太郎総理（当時）がミゾウ［未曽有］をミゾウユウ、トウシュウ［踏襲］をフシュウと読み間違えたということで、マスコミがそろって報道しました。

　麻生さんは名門の出身。海外留学の経験もあり、英語が得意。それにマンガが大好き。庶民感覚をそなえたエリート、人気抜群の政治家だそうです。

　総理大臣になったとたん、マスコミの目がきびしくなり、「総理の国語力」を問われるはめになりました。小泉純一郎総理なら「漢字の一つや二つ読みまちがえたぐらい、大した問題ではない」とタンカを切ったかもしれませんが、麻生さんは、そこまで非常識なことはいいません。やはり、紳士ですね。

　マスコミが「総理の国語力」を問題として取りあげるのは、よいことです。しかし、せっかくなら、もうすこし建設的な議論を目ざしてほしかったと思います。他人のあらさがしをするだけなら、「目クソ、鼻クソを笑う」のたぐい。なんの問題解決にもなりません。

　「総理の国語力」が問題になるのは、実は「日本国民の国語力」「日本人の言語能力」が問題だからです。日本人が21世紀を生きぬくには、アメリカをはじめ、中国・インドあるいはロシアなど、いろんな国の人たちと、仲よくつきあっていかなければなりません。それには、どれだけの言語力・日本語力が必要か。重要な問題です。

　いまの日本の文教当局や国語学界・言語学界に、「21世紀日本語の世界戦略」や具体的な戦術が用意されているでしょうか。それが気になります。

　さて、「ヤマトコトバと漢語・英語を音韻面から比較し、共通項をさぐるシリーズ」、今回はt-k音のコトバを取りあげます。

2. t-k 音の基本義

「コトバの意味は子音できまる。母音は関係しない」そして「t-k音語の意味は、t-音とk-音が持つ意味の連合」という前提で、話をすすめます。

t-音の基本義…t-音を発声する時、発声器官のあたりに生まれる感覚＝音韻感覚。舌の先を上歯のハグキにツキタテ、イキの流れをトメル。イキがタマル。ツキやぶる。そこでハレツ音t-が発声される。したがってt-音のコトバには、いやおうなくt-音の音韻感覚＝基本義がつきまといます。

たとえば、ヤマトコトバのタ行一音節語には、タ［手・田］、チ［乳・血・道］、ツ［津］、テ［手］、ト［外・門・戸・処］があります。いずれもt-音の基本義＝ツキデル・ツキアタル・トマルなどの姿を共有しています。

k-音の基本義…k-音を発声する時、発生器官のあたりに生まれる感覚＝音韻感覚。舌の奥をもりあげ、肺からのイキの流れをヒッカケル。トメル。イキがカタマル。ケトバスように、ハレツ音k-を発声する。そこでk-音のコトバには、ヒッカク・ヒッカカルなど、k-音の基本義がつきまといます。

たとえばカ［鹿・髪・蚊・日・彼］、キ［杵・寸・酒］、ク［来・消］、ケ［笥・毛・気・日］、コ［籠・子・粉・小・此・木］。いずれも「頭に髪の毛がヒッカカル」「キネで穀物をヒッカケ、クダク」「ヒッカカレ、クダカレ、やがてキエル。コナになる」など、k-音の基本義を共有しています。

ここで、子音の役割について確認しておきましょう。ある一つのコトバがどんな子音を持っているか。子音の種類によって、そのコトバの基本義がきまります。つまり、子音のちがいが基本義のちがいを表わすことになります。このことが、単語の認定基準ともつながってきます。

たとえば、一音節動詞ク［来］はコ・キ・ク・クル・クレ・コと語形が変化し、語幹ゼロと解説されています。上代カナヅカイ甲乙のちがいだけでも別語と認定されるのに、語幹ゼロ。音形のちがいから当然三語以上に区別されそうなものが、ただ一語と認定されています。

なぜでしょうか。それは、「語根k-音を共有するので、同系の一語と認定する」ということでしょう。日本語の音韻組織を考えるには、コトバを音素段階まで分解して観察すべきだということが、よくわかる例だと思います。

　子音の交替…一つの子音は、おなじグループの子音と交替することができます。交替しても、基本義に変化はありません。たとえば、t-グループのt-とd-、k-グループのk-とg-、-ngなどです。
ヤマトコトバの例…
　タナカ［田中］・タムラ［田村］。語頭ではt-音。
　ナカダ［中田］・ヤマダ［山田］。語尾ではd-音。
いわゆる「連濁」の現象（例外あり）で、もちろん基本義に変化はありません。

　漢語や英語についても同様ですが、くわしくは、このあと各論の項でご確認ください。

3. t-k音のヤマトコトバ

　ヤマトコトバでは、二音節動詞タク・ツクなどを中心に、t-k音の単語家族が組織されています。この場合、t-kという子音構造が共通の基本義を決定し、その範囲内で母音がニュアンスのちがいを表わすことになります。具体例で見てみましょう。
①**香をタク。櫛で髪をタク。櫂で舟をタク**
　タク＝テク＝手がクル、手をツケル・タグル。トリクム姿。やがて、道具として火・櫛・櫂などをツカウ姿。⇔⑯⑰⑳㊱
②**タクものがタカ。タクことがタキ**
　タク［焚・焼・長］ものがタカ［鷹・高・竹］。タクことがタキ［焚・焼・炊・滝］。同様に、ツク［着・付・突・撞・筑］ものがツカ［柄・束・塚］。ツクことがツキ［付・着・突・撞・筑］。タケ［竹・丈・長・岳］，タコ［凧・蛸］は、タカの語尾母音交替。タカ系動詞…タグ［喫］・タカル・タギル・タクル・タグル・タケル。⇔⑮㉝
③**ダクダク汗ダク、汗がデク**
　タク［手来］＝（手が）デク［出来］＝ダク［手来・抱］。タクル・

104

タグル・ヒッタクル・汗ダク＝ワキ［腕］に汗をダク［抱］姿。⇔⑪⑫

④**タクがハエル。タクワエル**
　タク［栲］はコウゾ類。樹皮から繊維を取る。タエとも。水にツケてタクリ、紙・布をツクル。重要な生活資源。タクがハエソロウことは、資源をタクワエルこと。タクはもと漢語で、t'iag栲。もしくはdiag苧の日本漢字音かもしれない。⇔⑮㉓

⑤**チクチクできるのは、チカマ（近間）**
　日本語では、形状言チカ［近］は成立するが、動詞チクは成立しない。チクルも公認されていない。「目がチカチカする」「チクチク・チクリ、ツキサス」などという。⇔⑲㉑㊵

⑥**タカラ・チカラ・ツカレ・テガラ**
　タカラ［宝］＝タ［手・田］カラの収穫物。チカラ［力］＝①チ［血・道］カラ［柄］。②［税］。田祖。田カラの収穫物の一部を納める租税。タカラをヒッタクルことはテガラになるが、敵にツカレ［突］たり、タクラレたりで、ツカレル［疲］。⇔⑬㊱㊵

⑦**米をツク。槍をツク。手をツケル**
　ツク［付・着・搗・突・撞・就・漬］。あとにツク・ツケル姿がツグ［継・注・次・告］。
　ツク系動詞…ツカウ［使］・ツカエル［仕］・ツカム［掴］・ツカレル［疲］・ツキル［尽］・ツクス・ツクル・ツグ［告・接・次］・ツケル［付・着・漬］・ツゲル［告］。⇔⑯⑱⑲㉒㉓㉔㉖㉚

⑧**テクテク、テクル。地図ヅクリのテグチ**
　テク［手来］＝デク［出来］・デキル。尺取虫のようにテクリ、大地を測り、紙に描きツケル。このテグチ［手口］で、地図がデキル。⇔㉔㉗㉞㊲

⑨**テカテカ・デカデカ・デコデコ、カザル**
　テカ＝太陽光線。デクル［出来］ものがデカ・デコ。デカ［刑事］はデカイ存在。⇔⑭㉘㉛㉜

⑩**トク・ホドク・トキワケル**
　ヒモをトク・ホドク［解］。水でトク・トカス［解・溶］。教えをトク［解・説］。トグ［研・磨］＝物体をトキワケル・トキハナス作業。⇔㉙㉛

4．t-k 音の漢語

ここでは、漢字の上古音を表記しました。

⑪ダクダク・ツギツギ・デク［出来］
　dak澤//diok譯（通訳）・驛（宿駅）・液//デクル［出来］ものは、水・汗・コトバ・馬など。⇔③㉛

⑫ヤネ・ハネ・ワキの下にダク
　dak宅//t'akt托・託（抱かせる）//櫂（水をダクもの）//宅の字形は、「屋根の下で草木が芽・根をツキダス」「屋根が草木をダク［抱］」姿。⇔③㊴

⑬タク［手来］・タクル・タグル・ヒッタクル
　dag擇//dak調（収穫高に応じてタグル・ヒッタクル、物納制の税）//tsag租//tieng徴（徴発）//dhiek杓//tiok酌//tog釣//⇔③⑥㊱

⑭タク・タグ［食］・デク・デコ
　diek食//thiek飾//t'iek飭//⇔タグ［食］・take・⑨㉛㊵

⑮タク・ダク・イタダク・タクワエル
　deng頂//dhieng盛//diag苧・儲//dzang蔵//teg戴//tiok蓄//⇔イタ［板］//［射手］//ツキデル手。板でタグリ、ダク→イタダク//⇔②④㊵

⑯タク・デク・ツキデル
　dhiog寿//diag射//dang堂//dhiang上・尚//dieng陽・揚・楊//tok卓//thiog首//⇔①⑦㉚

⑰手をツケル、ツカミトル
　ts'iug取・娶・趣//tsug奏//ts'ug湊//tsuk捉//thiog手・守・狩（トリカコム）//tiog肘//⇔⑦㉚㊱

⑱ツク・クッツク・ツキクダク・トケル
　dhiuk属//diong融・仲//tiuk嘱//t'iuk触//dzog曹//tsieg滓//tsog糟//⇔⑦㉚㊱

⑲ツク・トドク・タドリツク
　tiok竹・筑・築//tog鳥・搗・蔦・倒//⇔⑤⑦

⑳ツキトオル・ツキトオス・スミトオル
　dieng澄//dzieng晴・情//ts'eng青//tsieng井//ts'ieng清//dung同・洞・筒//tung通・樋・憧//thiog焼//tiag灸・煮//tiok灼//⇔①㊳

㉑ツク・ツキサス・トゲ

t'iek勅//ts'ek策・柵//ts'ieg束・刺・荊//tsog棗//⇔⑤⑦㊵

㉒ツク・ツケル・ウエツケル・カキツケル

dhiek植・殖//dieg値//tieg置//dhieng承//dhiog受・授（サヅケル）//tieg志・誌//⇔⑦㉞

㉓ツク・ツケル・ツケクワエル

dzeng層・贈//tseng増//dziag助//tsag組//ts'iag且//tek得・徳//dzieg漬・事・仕（ツカエル）//diug住（住みツク）//tuig注・註//⇔⑦㉟

㉔ツケル・デキル・ツクル手口

t'eg貸（貸しツケル）//thieg試//thiek式（方式・手口）・識//tiek織・職//dzog造//tsag詐d作り話）//tsak作//dag図（カキツケル）//⇔⑧㉔㊲

㉕ツツク・ツヅク・ツクネル

tuk啄・琢//diuk続//duk読//tsiug皺//ts'iug趨//⇔⑦㊵

㉖シメツケル・セメツケル・スクメル

deg締//dek敵//teg帝・諦//tek摘//thiek適//dziog愁//dzok寂//thiok淑//tok督//tsiog焦・酒//tieng正・征・政・整////tsiuk足//⇔⑦㉝

㉗テク・デク・ツキデル・ツキダス

deg題・提//dhieg匙//dek笛//diog由・油//diok軸//t'iog抽//dieng呈//t'ieng唱//diang腸・長・丈・杖//dhiug樹//dug頭//dag徒//tag吐//dog道・導//thiog首//tiog昭・照//⇔⑧㉛㉝

㉘デク・デコ・デコばる

deg台・待//dek特//dhieg時・侍//dieg寺・持//thieg詩//t'iak尺//ts'iek測・惻//⇔⑨㊴

㉙トク・トカス・ドク・ドカス

tiog箒//tiok粥//t'og挑・眺//dog桃・跳・櫂//dok滌・濯//thiak釈//diag除//thiag捨//⇔⑩㉛

5. t-k音の英語

A. H. D.フロク「インド・ヨーロッパ語の語根と派生語」を参考に、t-k音の英語を紹介します。

㉚ **deik-** ツク・ツキデル・ツケル
teach 教える //token しるし //dictionary 辞典 //digit 指 //dictation 指令 //index 索引 //indicate 指摘する //disk 円盤 //⇔⑦⑯⑰⑱㉔

㉛ **dek-** デク［出来］・トク［解・説］
decent 適切な //doctor 医者 //doctrine 学説 //document 記録 //dogma 独断論 //paradox 逆説 //decorate 飾りツケル //dignity 威厳 //⇔⑩⑭

㉜ **dekm-** デキルもの。デカクまとめる
ten 十 //December 12月 //dozen ダース //hundred 百 //century 世紀 //percent 百分の1 //⇔⑨⑯⑰

㉝ **deuk-** タグル。ツキダス。引きツケル
tug 強く引く //tow 引く //tie 縛りツケル //dock 波止場 //duct 導管 //conduct 指揮する //produce ツクり出す //educate 教育する //⇔②㉖㉗

㉞ **dheigh-** ツク・ツケル・ツクル
Dough 練粉 //figure 図形 //fiction 作り話 //⇔⑧㉒

㉟ **dhig-** ツク・ツキサス・トリツケル
dike 堤 //ditch 溝を掘る //dig 掘る //fix とりツケル //prefix 接頭辞 //⇔⑦㉑㉒

㊱ **tag-** タク［手来］。手をツケル。タクル
tact 手ざわり //taste 趣味 //tax 税金 //taxi タクシー //contact ツキアイ //⇔①⑥⑬

㊲ **teks-** タグル・ツクル・デキル・テギワ
text 本文 //tissue 組織 //context 文脈 //pretext カコツケ //technical 技術上の //⇔②⑧㉔

㊳ **tong-** ツキトオル。感じる
thank 感謝する //think 考える //thought 考え //⇔⑦⑳

㊴ **(s)teg-** デク［出来］・デコ［凸］・ダク［抱］
thatch 草ぶき屋根 //deck ①甲板。②飾る //tile タイル //detect 見ツケル //protect 守る //⇔⑨⑫㉘

㊵ その他
Dick 男子名⇔デク［出来］・デコ［凸］・デクノボウ［木偶坊］//duck アヒル・水にツク［漬］鳥 //tack 鋲（で止める）⇔teng 打・釘 //tackle ダキツク・タグル・ヒッタクル姿 //tag ツケ札 //take 手がクル・タクル・タグル・トリクム・トリコム姿。また、捕獲高・漁獲

高//tick①チクチク・ドキドキする。②ツケ・掛売り//ticketツケ札//tickleチクチクくすぐる。//tuck①ツッコム。ひだ。食物。⇔タグ［食］。②突き剣//tucker①ひだを取る人。食物。②ツカレ［疲］させる。ツカレル＝ツク［突・衝］の受身形。

6. まとめ

「日本語と漢語と英語とでは、それぞれ言語系統がちがう。縁もゆかりもないコトバ同士だ」というのが、いままでの常識だと思います。わたしはこの常識に疑問を感じ、常識に反した仮説を立てています。「日漢英三言語の音韻感覚や音韻組織原則は、基本的に共通する。一定の音形を共有する単語家族は、その基本義を共有する」という仮説です。

はやい話。英語の動詞takeはテイク、つまりテク＋［手来］の姿。ローマ字式に読めばタケ［竹・長・丈・岳］。タケ＝タカ。ともに動詞タク［手来］の名詞形。同様に、a large take［大漁（猟）のtakeは名詞用法で、捕獲ダカ［高］の意味です。なお、takeの語源は、古代ノルウェー語take→古代英語tacanとされています。

もう一つ。タックルtackleは、ダキツク・タグル・ヒッタクル姿。そして「マンガお宅」とは、「マンガをダキ抱えて、ゴキゲン」「マンガにダッコしてもらっている。ダッコちゃん現象」です。

このようにt-k音語だけを取りあげてみても、日本語と英語が、民族語のワクをこえて交流していたのではないかと推論できます。

日本語・漢語・英語の単語家族研究が出そろえば、三言語の客観的・合理的な音韻比較がデキルことになります。やがて、ふるい「常識」に替わって、あらたな「仮説」が承認される可能性があります。

13
スギタ＝過去的＝PASSED
―t, d音の基本義をさぐる―

1. はじめに

　このまえ「総理の国語力」という問題をとりあげました。麻生総理がミゾウ［未曽有］をミゾユウ、トウシュウ［踏襲］をフシュウと読みちがえたことが世間で話題になっていたからです。

　それから間もなく麻生さんと交替した鳩山総理が、こんどは「朝三暮四」の意味を「朝令暮改」ととりちがえて答弁しました。

　麻生さんの場合は、「漢字音の読みちがい」。鳩山さんの場合は「四文字熟語の意味の取りちがい」。いずれも、漢語という外来語を消化不良のまま使ったために起こった事故。つまり、運転未熟による交通事故みたいなものです。

　クルマの運転には免許証が必要です。しかし、コトバをしゃべるのに、免許証はいりません。日本語検定試験に合格していなくても、自由にしゃべれます。そのかわり、「コトバの交通事故」を起こしたら、「自己責任」を追究されることになります。

　総理にかぎらず、21世紀日本人に必要な国語能力とは、現代日本語を自由に使いこなせることです。ここで問題なのは、その内容。もはや「日本語＝ヤマトコトバ」の時代ではなく、「ヤマトコトバと漢語とカタカナ語とのチャンポン語」の時代に変化しているからです。

　ヤマトコトバと漢語や英語などの外来語とは、もともと音韻感覚がちがうもの同士。そのままでは、コトバの交通事故が多発します。事故防止には「チャンポン日本語用音韻感覚」を身につけることが必要。ヤマトコトバと外来語に共通な音韻感覚を生かし、相違点を調整できる能力です。

　すべての国民に「チャンポン日本語」の習得を保障すること。それは民

族の生死にかかわる問題であり、しかも待ったなしの課題だと思います。

2. スギタは過去形か

　これまで毎回、日本語・漢語・英語の音韻比較をつづけてきました。前回は「タク［焚・宅］・ダク［抱］・タクル・タックル」など、t-k音のコトバをとりあげ、その音韻感覚が民族のワクをこえて共通なことを指摘しました。
　今回は「スギ<u>タ</u>・過去<u>的</u>・passe<u>d</u>」など、動詞語尾につくt,d音（助動詞）を中心にとりあげ、「音素段階まで分解して比較すれば、日漢英の音韻感覚はほぼ一致する」ことを論証したいと思います。
　たとえば「戦後65年の年月が過ぎ<u>た</u>」などといいます。この「スギタ」の語尾「タ」は、場面によって音形が少し変化します（第２項「スギテ」の「テ」について、『広辞苑』は助詞とする）。
　　内閣成<u>立</u>から、半年過ぎ<u>た</u>。（過去・終止形）
　　支持率が低すぎ<u>て</u>、心配。（完了・連用形）
　　過ぎ<u>た</u>ことは仕方がない。（完了・連体形）
　　冬が過ぎ<u>たら</u>、春が来る。（完了・已然形）
　スギルはもともと文語スグの口語で、ガ行上一段活用。その連用形スギに助動詞タをつけて、スギル動作が完了したことを確認するわけです。このタイプの二音節動詞をあげてみます。
　　おす［押］→おし<u>た</u>／かす［貸］→かし<u>た</u>／
　　さす［刺］→さし<u>た</u>／でる［出］→で<u>た</u>／
　　にる［煮・似］→に<u>た</u>／ほす［干］→ほし<u>た</u>／
　　ます［増］→まし<u>た</u>／みる［見］→み<u>た</u>／
　ここまでの例では、動詞の過去形は「連用形＋タ」形式でみごとに整列しているみたいですが、じっさいはすこし複雑です。音便という現象があります。
①イ音便（語尾予音k, g, s, rが脱落。ita, ida）
　　かく［書］→か<u>いた</u>／かぐ［嗅］→か<u>いだ</u>／
　　きく［聞］→き<u>いた</u>／さく［咲・裂］→さ<u>いた</u>／
　　なく［鳴・泣］→な<u>いた</u>／まく［巻］→ま<u>いた</u>／

②ウ音便（語尾子音k, g, ph, b, mが脱落。uta, uda）
　いう［言］→いうた／たのむ［頼］→たのうだ／
③撥音便（語尾子音b, mなどがnに変化。nda）
　あむ［編］→あんだ／うむ［産・膿］→うんだ／
　かむ［噛］→かんだ／くむ［組・汲］→くんだ／
　すむ［澄・住］→すんだ／のむ［飲］→のんだ／
④促音便（語尾子音ph, k, r, tなどが脱落。tta）
　あう［合・会］→あった／いう［言］→いった／
　いく［行］→いった／ある［有・在］→あった／
　うつ［打］→うった／うる［売］→うった／

　動詞語尾だけでなく、文末にもしばしば［タ］が用いられます。「過去」ではなく、「断定・確認」をも表す助動詞と考えられます。
　きょうは日曜日だ。／山がきれいだ。／
　それは事実なのだ／どうして行くんだ。／

　それでは、「動詞の過去形・完了形」や「断定・指定の助動詞」にタ・ダなどの音が当てられるのはなぜでしょうか。t, d音の調音方法から、その基本義をさぐってみましょう。

　t, d音を発声するには、舌の先を上歯のハグキにツキアテ、いちど息の流れをトメル。そのあとすぐつよい息の流れでその封鎖をツキやぶり、破裂音t, dを発声する。このような発声方法から、「タツ・タチキル・ツキタツ・ツキデル・ツキトメル・トマル・トドク」などの音韻感覚が生まれます。

　いいかえれば、t, d音がもつ「接触・接続・到達・達成・完了」などの感覚がつよく意識されるようになり、やがて「完了」を表わす用語法として定着したものと思われます。

　「ツキデタところ」「スンダひとみ」「ゆきトドイタもてなし」などのタ・ダ音が、その典型です。それは、デル・ススム・トドクなどの動作や変化が完了した姿（相・アスペクト）を表わすだけのもの。時制（テンス）としての「過去」を表わすものではなかった、と考えられます。

　コトバの発達の順序から考えて、時制（テンス）の語法は、完了（相・アスペクト）の語法が完成したあと、その応用として考案され、発達してきたものでしょう。この現象は、場所空間を表わす「マエ・

ウシロ」「アト・サキ」「カラ・マデ」などがそのまま時間を表わすコトバとして使用されていることと、おなじ原理によるものでしょう。日本語・漢語・英語とも、同様な現象が見られます。

3. スギタ＝過去的

　漢語の世界でも、過去や完了を表わす語にt, dやl音が用いられています。その典型的な例が、助詞 de［的］と le［了］です（以下、現代漢語の表記に「簡体字」を使用すべきところですが、日本で通用している漢字で代用します）。

　まず、語末の助動 de［的］の用法について考えてみます。たとえば、名詞・動詞・形容詞などの語末に de［的］をつけて、修飾語をつくります。日本語の助詞「〜ノ（所属）」「〜ナ（属性）」、助動詞「〜タ（完了）」などに当たるコトバです。

①名詞などにつく［〜ノ。〜ノモノ。所属］
　我的辞典＝私の辞典／今天的天気＝今日の天気／書包里的＝カバンの中のもの／

②形容詞につく（〜ナ。属性）
　漂亮的衣服＝きれいな服／干浄的病房＝清潔な病室／偉大的祖国＝偉大な祖国／

③動詞につく（A）（〜する〜。〜ノ。指定）
　唱的人＝歌う人／調査的対象＝調査の対象／吃的＝食べるもの／穿的＝着るもの／

④動詞につく（B）（〜シタ〜。完了）
　他翻訳的文章＝彼が訳した文章
　你説的那件事＝君が話してたこと
　過去的事情＝過ぎたこと

　de［的］は文末にも用いられ、「強調・確認」を表わします。日本語の「断定・確認」を表わす助動詞「タ」や「完了」を表わす「タ・ダ」などと、きわめて近い感覚の用語法です。

　　我問過老李的。＝私は李さんに聞いたのです。
　　我是同意你的意見的。＝私は君の意見に賛成なんだ。

大星期天<u>的</u>、還去上班啊！＝せっかくの日曜日<u>だというのに</u>、それでも出勤するのか。

屋里黒洞洞<u>的</u>。＝部屋の中は真っ暗<u>だ</u>。

ここで、テキde［的］の基本義や派生義について考えてみましょう。もともとt-k音タイプの語で、上古音tok、現代音di, de。ツキデル・ツキアタル姿を表わします。矢を当てるマトの姿から、「弓的・目的・的中・的確」などの用語が生まれました。それがやがて、「ツク・トドク・トゲル」「到達・達成・完了」の姿を表わすコトバとして用いられ、助詞として定着したものと考えられます。

ここまでde［的］の用法を見てきましたが、漢語で「過去」や「完了」を表わすコトバといえば、助詞le［了］を使うのが普通です。語末にも文末にも使われ、日本語に訳す場合、ほとんどすべて「―タ」「―ダ」と訳すことができます。

①語末のle（了）（～シタ。過去・完了）

　昨天晩上我看<u>了</u>一場電影。＝ゆうべ映画を見<u>た</u>。

　明天下<u>了</u>課我就去找你。＝あす授業が終わっ<u>たら</u>、すぐ君に会いに行くよ。

　我在上海住<u>了</u>五年。＝私は上海に五年間住ん<u>でいた</u>。

②文末の［了］（～ダ。断定・確認）

　走<u>了</u>、走<u>了</u>！＝行く<u>んだ</u>。行く<u>んだ</u>。

　別喝酒<u>了</u>！＝酒を飲むなっ<u>てことだ</u>。

　今天幾号<u>了</u>？＝きょうは何日<u>だった</u>かしら。

ヤマトコトバには、もともとl-音がありません。ラ行音はありますが、すべてr-音で、語頭に立つこともありません。ぎゃくに漢語ではl-ではじまる語がたくさんあります。たとえば…

　li［立・力・利・例］／lian［連・臉］／long［龍・瀧・隆］／lou［楼］

など。そのうえ、これらの漢字音に対応するヤマトコトバとして、「タツ・チカラ・トシ・タトエ」「ツレ・ツラ」「タツ・タキ・タカシ」「タカドノ」など、タ行音ではじまるコトバが当てられています。

どうしてこんな現象が起こるのか。フシギといえばフシギですが、ぎゃくにアタリマエと考えることもできます。それは、子音d, t, n, lの調音方法や音韻感覚には共通点が多く、相互に交替できる関係にあ

るということです。ちなみに、初級中国語テキストにのっている「中国語音節表」を見ても、d, t, n, lをまとめて1グループとしています。

4. スギタ＝ passed

　英語の動詞は、現在形（基本形）・過去形・過去分子形の三段に変化するといわれます。規則変化の動詞は、過去と過去分詞が同形で、＜現在形＋ed＞形式。語尾が＜-t, -d, -id＞と発音されます。この音形は、日本語動詞の過去形「オドッタ」「ヨンダ」などのタ・ダ音に当たります。

　　danceおどる→danced／reachとどく→reached／stop止まる→stopped／walk歩く→walked [t]
　　call呼ぶ→called／change変える→changed／play遊ぶ→played／live生きる→lived [d]
　　connectつなぐ→connected／hunt狩る→hunted／visit訪ねる→visited／want望む→wanted [id]

　不規則変化動詞の中にも、過去・過去分詞の語尾がt, d音に変化するものがあります。しかも、過去と過去分詞と同形のものが大多数です。つまり、不規則変化といいながら、実は規則変化動詞と同様な音韻感覚で作られたことが推定されるわけです。

　　buy買う→bought／feel感じる→felt／
　　have持つ→had／lose失う→lost／
　　sell売る→sold／tell告げる→told／

　また不規則変化動詞の中には、過去分詞形が＜原形＋-n＞形式のものが多数あります。くりかえしになりますが、この-n音は調音方法がd, t音に近く、相互に交替できる関係にあります。したがって、このタイプの過去分詞形も、規則変化動詞とおなじ感覚で作られたと考えることができます。

　　doする→done／eat食べる→eaten／
　　give与える→given／go行く→gone／
　　know知る→known／see見る→seen／

　過去分詞の中には、形容詞として常用されているものが多数ありま

す。日本語の助動詞「タ・ダ」や助詞「ノ・ナ」、また漢語の助詞de[的]に当たる用法です。

blessed 神聖な／coupled つながった／
curled 巻き毛の／
heated 熱くなった／
lost love 失恋／in passed years 先年／
crowded bus 満員のバス／
blue eyed 青い目の／fallen leaves 落ち葉／
broken tea 粉茶／

5. むすび

　コトバの発生や発達の歴史から見て、時制（テンス）の語法が成立するまえに、まず相（アスペクト）の語法が成立していたと考えられます。

　はじめにイキル＝live、ワラウ＝laugh、スギル＝pass、アルク＝walkなど、動詞の基本形が生まれ、やがてその動きの完了・達成・結果などを表わすわ信号として、語尾にt, d, n音をつけるようになりました。それが完了形（過去分詞形）です。過去形というのは、この完了形から派生・独立した用語法と見てよいでしょう。

　現在と過去と未来を厳格に区別し、ひとつひとつの動詞に三段がまえの活用形を設定することができれば、形式的にも時制の体系が完成したといえるかもしれません。しかし現実は、どの民族言語を見ても、それほどすっきりした時制の体系にはなっていないようです。

　時制をやかましくいう英語でも、現在形や過去形に対応する「未来形」という語形はありません。未来を表わすには、動詞原形のまえにwill, shallなどの助動詞をつけねばなりません。現在と過去は、それぞれ動詞一語で表現できるが、未来については、助動詞との合作が必要。その意味では、時制の体系づくりが未完成ということでしょうか。

　英語とは対照語に、漢語（中国語）には「テンス（時制）がない」といわれます。「テンスがないのは、それだけ発達がおくれているか

らだ」と考える人もいるようです。しかし、ぎゃくの見方をする人もいます。

漢語の世界では、英語世界でいうような「時制」の感覚がありません。もちろん、「現在・過去・未来」の感覚はあります。必要に応じて、その区別を表わす修辞法も使います。ただし「必要なことはやるが、ムダなことはやらない」といいます。「文脈から見て、過去だとわかっているのに、テンスの一致だとかいって、すべての動詞を過去形にするのはムダな作業だ」と考えているようです。なるほど、世界はひろい。論理主義、実用主義など、いろいろな言語感覚があり、議論がわかれるのですね。

さて、時制や相の問題にからんで、＜d, t, n, l＞の子音交替の現象について、くりかえし指摘してきました。これまで、日本語や中国語の学界などでは、あまりとりあげられていないようですが、日漢英の音韻比較への手がかりとして、もっと議論されてよいテーマだと思います。

日本語の「たなごころ（手ノ心）」「けだもの（毛ノ物）」「まつげ（目ノ毛）」などは、ヤマトコトバ同士（n：d：t）の子音交替と解釈できます。同様に、漢語de［的］とle［了］は、漢語同士の子音交替と解釈できるかと思います。また、英語動詞語尾の変化形d, t, nも、英語同士の子音交替と解釈できそうです。

さらにすすんで、国境や民族のワクをこえてd, t, n, lの子音交替が展開されたと解釈することもできるかもしれません。

14

日本語の世界戦略
―21世紀を生きぬくために―

1. いま、日本があぶない

　東北地方が地震と津波に襲われてから、5か月を過ぎましたが、現地では瓦礫の処理もできていません。このさき、いつころ、どこまで復旧・復興できるのか？　見通しがついていません。

　あぶないのは、東北地方だけではありません。まわりまわって、日本国全体があぶない状態です。電力不足と円高で、企業が国内での生産をあきらめ、海外へ移転することになり、日本国内が空洞状態になるかもしれないと懸念されています。

　食品についても、放射能汚染で牛肉があぶない。魚や野菜があぶない。そしてついに「新米」があぶないなど、しだいにエスカレートしています。

　いま日本の状況は、まさしく「危機」です。そしてこの危機が深刻なのは、災害から復旧・復興へ向かって、たしかな展望が持てないことです。たとえば水素爆発を起こした原子力発電所の後始末について、電力会社も監督官庁も、国民が納得できるような解決策を提示していません。

　政府や与党がダメなら、野党や国会の活躍に期待したいところですが、最大野党の自民党には、「原発安全神話」をかかげて推進してきた経緯があります。それやこれやで、国会もまた「脱原発」か「原発維持」か、方向を決めかねているようです。

　この状況は、幕末のころ黒船来航で、「開港」か「攘夷」か、日本中大さわぎしていた当時とよく似ています。あの時も、黒船来航は「想定外」でした。開港派も攘夷派も、ともに情報（勉強）不足で「井の中の蛙、大海を知らず」、客観的には「治に居て、乱を忘れた」状況になっていました。

2. 日本語があぶない

　あぶないのは、放射能に汚染された食品や機能不全になった政府や国会だけではありません。わたしたちが毎日使っている日本語も、かなり危険な状態にあります。ただ、「自分の顔は見えない」ように、日本語のどこが、どれだけ危険なのか、自分では気づきにくいだけです。

　自分の顔を観察するには、カガミを使います。自分たちのコトバ、日本語を観察するには、まわりの外国語、中国語や英語などと比較するのが便利です。

　コトバは、人間同士で意思を伝えあう道具ですが、現代社会では、人間の口・耳・手・目などのほか、ラジオ・テレビ・パソコンなどの道具を使って、「コトバの流通回路」を形成しています。

　この「流通回路」が、日本語独特の事情によって故障を起こし、「脱線」「不通」などの事故につながることがあります。人間が病気になったり、ケガをしたりするようなものです。

　それでは、日本語の流通回路に事故をもたらす「日本語独特の事情」について考えてみましょう。

2.1. 同音異語によるミス

　たとえばパソコンで文章を作る場合、漢字の書き方が分からなくても、読み方さえ分かれば、パソコンが文章を作ってくれるので便利です。そのかわりパソコンの変換ミスで、同音異語の漢字表記ミスがおおくなります。

　たとえば、「コウエン」に対して「公園・公演・公苑・後援・後円・講演・好演・高遠・広遠・宏遠」など。また、「カンジ」に対して「漢字・完治・寛二・幹事・寛治・莞爾・監事・官寺」など。

　日本漢字音では同音の「コウ」と発音される漢字でも、中国語音では［公gong］［後hou］［講jiang］［好hao］［高gao］［廣guang］［宏hong］などと区別して発音され、「同音異語」の現象は起こりません。日本で見られる「同音異語」現象の多くは、漢語自体の責任ではなく、漢語を借用した日本人の責任です。音韻感覚が異なる漢語を、むりやり日本語（ヤマトコトバ）の音韻組織に押しこんだ結果、ツナミのよ

うな「同音異語」現象が発生したと考えられます。

2.2. 漢字の読みかたが複雑

　日本語を学んでいる外国人にたずねると、「日本語の発音はあまりむずかしくないが、漢字の読みかたが複雑で、とてもむずかしい」という答えが返ってきます。たしかにその通りです。たとえば漢字［生］一字に対して、音読だけで「セイ・ゼイ・ショウ・ジョウ」、訓読で「イク・イカス・イキル・イケル・ウム・ウマレル・オウ・キ・ナマ・ハエル・ハヤス・フ」などがあります。

　たいへん複雑です。あまりにも複雑すぎます。こんなに複雑な読み方をしているのは、世界中で日本だけでしょう。それはおそらく「世界文化遺産」として登録できるレベルです。しかし、このまま21世紀日本の義務教育のカリキュラムに取りこむのはムリです。いや、マチガイです。かならず消化不良を引き起こします。

　漢字の本場中国では、漢字［生］はどんな文脈でもshengと読みます。［生sheng］だけではありません。さきにあげた［公・後・講・好・高・廣・宏］なども、すべて「一字一音」が原則です。

　もちろん例外はあります。たとえば「よい」の［好hao3］と「このむ」の［好hao4］では、アクセントがちがいます。「なか」の［中zhong1］と「的中する」（当たる）の［中zhong4］も同様。

　この程度の「同字異読」なら、英語にもあります。たとえば、record（記録。記録する）や、present（贈物。贈る）の場合、「名詞なら前部に、動詞なら後部に」アクセントが移動します。

2.3. 小学校英語必修化

　21世紀を生きる日本人が、母国語のほかに、1～2の外国語も話せるのは、すばらしいこと。いや、ぜひ必要なことかと思います。しかし、英語にかぎらず語学の習得は、入門期に正しい発声法を習得することが肝心。一度日本語式やナマリのある発音で英語をおぼえると、あとで修正しようとしても、まず不可能です。いまの小学校の体制で、ほんとうに目標を達成できるでしょうか？

　また、「英語は話せるようになったが、日本語ではろくにアイサツの仕方も知らない」というようなことになる心配もあります。

3. ピンチこそ、改革のチャンス

　気がついてみれば、現代日本語はかなり深刻な問題を抱えています。このままで21世紀の競争社会を生き残れるだろうかと心配です。しかし、「窮すれば通じる」ともいいます。ピンチの時こそ、平時にはできない改革ができる絶好のチャンスです。

3.1.「同音異語」を減らす

　現代日本語に「同音異義語」が多すぎるのは大問題です。この現象は、日本人が漢字の便利さに頼りすぎ、日本語（ヤマトコトバ）と漢語の音韻感覚のちがいを無視して、大量の漢語を使ったことが原因です。まずそのことを反省すべきでしょう。

　また、さきほども述べたとおり、「書き方が分からない漢字でも、読み方さえわかれば、パソコンが文章を作ってくれるので便利です」が、その結果、パソコンの変換ミスが大量に発生し、あらためて同音異語の問題が意識されるようになりました。

　同音異語が問題になるのは、主として漢語熟語の場合だけです。ヤマトコトバは、もともとハナシコトバとして発達してきたので、同音異義のコトバが通用する余地がなかったのです。その点、漢語はもともと書面言語として日本語に取りこまれたもの。音声言語としてテレビ・ラジオで放送されたり、パソコンで同音異義語の変換ミスをおこしたりすることなど、まったく「想定外」でした。

　「想定外」ではあっても、現実にコトバの流通回路に事故をもたらす危険があれば、予防対策が必要になってきます。

　いずれにしても、コトバは、ハナシコトバが基本であり、モジは、コトバを記すための道具です。コトバの意味は音で決まり、耳で聞いただけで意味が通じないコトバは、ハナシコトバとして失格です。

3.2. 漢字は「一字一音」が基本

　漢字の読み方は、中国では基本的に「一字一音」です。それが日本に伝来して、いわゆる「日本漢字音」となり、またヤマトコトバの表音記号として「万葉かな」の用字法を生みだし、さらには、すべてのヤマトコトバに漢字を当てる「訓読み」の習慣まで生みだしました。

漢字は、象形を基本とする表意文字として、それ自身が文化遺産であり、学校教育の中で「古典」として学習することは必要です。しかし、21世紀日本の義務教育の中に、すべて従来通り取りこもうとするのはマチガイです。義務教育では、表音文字中心の表記によって、モジ学習のムリ・ムラ・ムダを省き、学習効果を上げるべきです。

　手っ取り早い方法としては、まずヤマトコトバの漢字表記を止めることです。たとえばヤマ［山］、カワ［川・河］・コトバ［言葉・詞］などをカナで書いても、なんの不都合も起こりません。

　「カワムラといわれても、［川村］か［河村］か分からない」といわれるかもしれません。しかしヤマトコトバでは、もともと「カワ」［川・河］は一語であり、区別がありません。

　地名のカナ書きについては、現在すでにいくつもの地方都市で実施されています。たとえば、むつ市・つがる市・いわき市・つくば市・さいたま市など。

3.3. 小学校英語必修化のまえに

　第一言語・母語のほかに、第二言語・外国語を習得するのは、おおいに結構です。この場合、日本語習得で得た音韻感覚が、英語音修得にも役立つような学習指導法が望ましいわけです。

　「そんなうまい方法があるだろうか」といわれるかもしれませんが、そこは「案ずるより、生むが易し」。また「論より証拠」。おおくの実践例があります。日本語を母語とし、第二言語として韓国語・中国語・英語などを話す人たちが、現にゴマンといます。その人たちは、いちいち「これから日本語」「これから英語」「これから中国語」などと意識を切りかえてから発声しているわけではありません。無意識のうちに音韻感覚のスイッチが切りかわっているのです。この事実から、わたしは「大脳の中で、第一言語と第二言語の音韻感覚が統合され、共通感覚が生まれている」と推定します。また、「第一言語を習得する過程で得られた音韻感覚を第二、第三の言語習得に応用することによって、大幅に学習効果を高めることができる」と推論します。

　この点について、日本でも「第二言語としての日本語教育」の現場では、切実な問題として取りあげられています。しかし、肝心な日本語の音韻感覚に関する基本的な研究が不足で、「効果的な学習指導法」

の確立までは進んでいないようです。
　日本語・英語・中国語を問わず、音韻感覚の習得にかんする研究が不足しています。大学や各種研究所でも、日本語と外国語の文法・語法に関する研究報告は花ざかりですが、音韻面からの研究はほとんどゼロです。研究者の責任が問われかねません。

3.4. 文書の横書きを徹底

　最後になりましたが、日本語の現代化・国際化の上で、最も基本的な課題が残されています。それは文書の横書きを徹底することです。
　国語審議会決定（1951・10）や内閣官房長官通知（1952・4）などで、文書の横書きはすでに世間の常識となっています。しかし、国語教科書だけではすべて縦書きのままです。つまり、現代日本語の実態を反映していないのです。あわせて、新聞・雑誌・文芸作品なども、ほとんど全部縦書きのままです。この点では、お隣の中国より半世紀ほど遅れていると思われます。

4. 日本語の世界戦略を考える

　日本語とは、どんなコトバか？　そもそも、コトバとは何か？　また、コトバとモジの関係は、どう考えたらよいかなど。日本語をめぐる問題について考える、せっかくのチャンスです。
　中国語や英語、またアジア諸国の民族言語の実状とも比較して、日本語の長所・短所を考えてみましょう。客観的・合理的な言語観に基づき、21世紀日本語の戦略・戦術を考えてみましょう。

4.1. 現代日本語はチャンポン語

　現代日本語は、純粋な民族言語ではありません。ヤマトコトバを核としながら、漢語や英語などの外来語をふくむ複合言語、つまりチャンポン語です。
　ヤマトコトバには、独自の音韻感覚があり、その原理・原則によってコトバの体系が組織されています。その原理・原則を示すものが「五十音図」です。もともとヤマトコトバだけの日本語でしたが、そ

の後大陸から漢字・漢語が伝来し、やがて漢字から「万葉かな」「カタカナ」「ひらがな」など表音文字用法も生まれました。同時にまた、たくさんの漢語が外来の先進文化を伝えるコトバとして、ヤマトコトバと並べて用いられるようになりました。

さらには、明治の文明開化や昭和敗戦後の外来語ブームのころ、和製漢語まで動員して日本語に翻訳しようとしましたが間に合わず、たくさんのカタカナ語が生まれました。そのおかげで日本語は、世界水準並みの語彙体系をもつことになり、学生たちは大学まで日本語で講義を受けることができます。その点では、まさにチャンポン語万歳です。

4.2.「五十音図」から「64音図」へ

ヤマトコトバの音節は、基本的にCV型の開音節構造です。つまり、子音1個＋母音1個で1音節ができ、単音節または複音節で単語となり、さらに連合して、ヤマトコトバの語彙体系を構成しています。そのCV型音節について、子音と母音の組合せを一覧表にしたものが「五十音図」です。ぎゃくに言えば、「五十音図」を見れば、ヤマトコトバの組織原理や原則が見えてくる道理です。

ところが、漢語の音節は基本的にCVC型であり、英語の音節はCV型・CVC型・VC型の混合です。したがって、チャンポン語の現代日本語には、「五十音図」が通用しません。あらたに総合的な「現代日本語図」が用意されなければなりません。

それは、「ヤマトコトバを習得する過程で得た音韻感覚がそのまま漢語や英語の習得に役立つ」式のものです。いいかえれば、直接には日本語のための音図でありながら、漢語や英語などの音図としても利用できる音図です。

理論的にはいろいろな方式が考えられるでしょうが、イズミ試案は「8音図（音節を音素まで分解し、8グループに分類する）」と「64音図（8音の順列組合せ）」の二段階方式です。たとえば、日本語のカツ（カチワル）と漢語カツ［割］（上古音 kat）と英語 cut は、ともに「64音図」の中の「k-tタイプ」として位置づけられます。同様に、シム［滲］とシン［滲 siem］と smelt（製錬する）は、ともに「s-mタイプ」として位置づけられます。

4.3.「カナ・ローマ字・漢字まじり文」の時代

　むかしは、文章はすべて縦書きでした。また、手紙一つ書くにも［拝啓］で始まり、［敬具］で終わるなど、やたらに漢字・漢語を使うのが習慣でした。

　いまは、日記・手帳・ノートなども横書きが普通になってきました。国際化の時代なので、横書きの方がローマ字でも英語でも、おなじ流れで書けて便利なわけです。

　しばらく、「カナ書きのヤマトコトバを中心にした漢字まじり文」の時代が続くかと思います。ただ、カナばかり続くと読みにくいという問題も出てきます。英文などと同様に、分かち書きを習慣づけることも必要になります。

　「カナ・ローマ字中心で、分かち書き、すこしだけ漢字まじり文」というのが、さしあたりの目標です。そして、日本人だけでなく、日本に関心を持つ世界のひとびとが、もっと気楽に日本語を習得できるように、わたしたち日本人自身の言語生活を改善してゆきたいと思います。

15
ツクシとスギナ
―t-音とs-音の関係を考える―

1. はじめに

　「ツクシだれの子…」という童謡があります。メルヘンの世界にあそばせてくれる、なつかしい歌ですが、正式な歌詞や作詞者のことは知りませんでした。こんどたまたま「ツクシ」「スギナ」という語音について調べているうちに、いろんなことが分かってきました。
　この童謡は、五十野惇（聖徳大学・東京家政学院大学教授）の作詞で、早川史郎作曲。歌詞は、短いものながら２番まであるそうです。
　（１）つくし　だれのこ　すぎなの　こ
　（２）つくし　はるです　あそぼう　よ
　さて、ここで「ツクシだれの子、スギナの子」という文句をとりあげたのは、童謡の話をしたいからではありません。ツクシtukusiとスギナsuginaという語音そのものについて、あれこれ考えてみたかったからです。なによりまず、ツクシやスギナという植物がどうしてツクシやスギナという音形で呼ばれるようになったのか、その原理・原則をさぐりたいのです。一般化していえば、「コトバの組織原則」とか「音形と意味の対応関係」をたしかめたいということです。そして、できれば「t-k音とs-k音の交替関係」などについても考えてみたいと思います。

2. ヤマトコトバの組織原則から

　ツクシ・スギナは、もともとヤマトコトバですから、ヤマトコトバの音韻感覚や組織原則にしたがって生まれたにちがいありません。わたしたちは平生、ツクシやスギナという音形を口にしたり耳にしたり

するだけで、ひとりでにツクシ［土筆］やスギナ［杉菜］という植物が連想されるようになっています。そこには、なんらかのシカケとか、メカニックとかいったものがあるにちがいありません。そういう原理・原則にしたがって、すべてのコトバが生まれ、組織されているはずです。

　このことからぎゃくに、「ツクシ・スギナ」など特定のコトバの音形（ヒビキ）をたどってゆけば、やがて音形と意味（事物の姿）との対応原理にたどりつけるはずだと考えています。

3．ツク姿とスク姿

　本論にはいる前に、ツクシについて国語辞典（広辞苑）の解説を見ておきましょう。
　　…とくさ類の多年生羊歯［しだ］。温帯に広く分布し、極めて普通。根茎から直立した地上茎を生じ、輪状に枝を出す。茎は緑色で鱗片状の葉をつける。春、淡褐色の胞子茎を出し、これがいわゆるツクシ（土筆）で食用。別称つぎまつ（接松）。問荊。筆頭菜。

ついでにwebでツクシの項を調べてみると、
　　スギナ［杉菜］…（杉菜、学名：Epuisetum arvense）シダ植物門トクサ網トクサ目トクサ属の植物の一種。

と解説されていました。学問的に正確に分類すると、こんなに複雑な表現になるようです。このトクサはもとト［砥］クサ［草］という意味のコトバとされ、ツクシとおなじt-k-sの音形をもっています。
　ツクシ・スギナの語源については、いくつかの説があるようです。
　①スギナにくっついて出てくることから「付く子」。
　②節のところで抜いても継ぐことができるので「継ぐ子」。
　③地面をツク［突］姿でツキデル・ツキタツ草だから「突く子」。
　いずれも、通俗語源説といわれそうです。とりわけ、語尾の「シ」に漢字［子］をあてるのはムリです。ヤマトコトバのシ音に「子、こども」の意味用法はありません。むしろツ［津］クシ［串・櫛］、またはツクシ［尽］と解釈するほうが、ヤマトコトバの組織原則にかなっ

ているといえます。

4. ツクシとスギナの音節構造

　ここで、ツクシとスギナの音節構造をチェックしておきましょう。
　まずツクシを①「ツ＋クシ」と解釈するか、②「ツク＋シ」と解釈するかが問題です。①とすれば、「ツ［津］＋クシ［串・櫛］」のような構造となり、②とすれば、「ツク［突・付］＋シ［羊蹄］（ギシギシ）。あるいは「ツク［尽］＋シ」（動詞ツクスの連用形）と解釈することもできます。
　ツクシには、もうひとつ同音のツクシ［筑紫］があります。漢字チク［筑］は「トントンとたたいて鳴らす楽器」。チク［築］（トントンと地面をツク）と同系のコトバです。そのあとの漢字シ［紫］は漢字音を借用しただけで、植物のムラサキ［紫］とは関係ありません。いずれにしても、ツクシ［筑紫］を「ツク＋シ」と解釈しようとすると、語尾のシ［紫］の説明がむつかしくなります。
　ツクシ［土筆・筑紫］の解釈については、このあともういちど取りあげることにします。
　スギナは、「スギ［杉］＋ナ［菜・名］」という音節構造のコトバと解釈されています。スギ［杉］の姿をもつナ［菜］という意味です。スギ［杉］は、「スグにスクスク・マッスグ育つ」植物なのでスギと呼ばれたと考えることができます。
　スギ・スギナなどのs-g音は、s-k音の一部とみることができます。s-g音の動詞スグ［過］は、「（途中寄り道せず）スクスク・マッスグ通りスギル」姿であり、s-k音の動詞スク［鋤］（金属製のスキで田んぼをスク）とウリフタツの姿です。

5. t-k音とs-k音の対照

　ここで、t-k音とs-k音の二音節動詞をひろってみます。まずt-k音グループでは、つぎの二音節動詞が成立しています（t-g, d-k音を含む）。

①t-k タク［斫・焚・炊］・ツク［著・付・着・衝・搗・突・漬］・トク［著・解・溶・説］。
②t-g タグ［喫］・ツグ［次・継・告］・トグ［砥・研・磨・逐］。
③d-k ダク［手来・抱］・デク［出来］。

t-k音語の共通基本義は、「ツクツク・ツキタツ・ツキデル」姿。人間の身体部分でいえば、胴体からツキデル手の姿であり、またその手をツカッテ［使］、ツギツギ物をツクリ［作］だす姿です。

s-k音グループでも、つぎの二音節動詞が成立しています（s-g音を含む）。

①s-k サク［裂・割・咲・開・放・離・避］・シク［敷・布・領・及］・スク［鋤・助・透・梳・漉・次・好］セク［塞・咳・急］・ソク［退・除］。
②s-g サグ［下・提］・スグ［過］・ソグ［削・殺］。

s-k音語の共通基本義は、「スクスク・マッスグ、スキ［鋤・透］通る、スギル［過］」姿と考えてよいでしょう。動詞スクを漢字で［鋤・助・透・梳・漉・次・好］などと書きわけることはできますが、ヤマトコトバとしてはもともと同音同義の一語だと考えるべきでしょう。

6. ツキ棒とカナスキ［金鋤］

ツク・スクなどのコトバが生まれた時代の社会状況を考えてみましょう。

日本列島でヤマトコトバが成立した時代は、イネ農耕によって列島改造が推進された時代です。農具も木製のツキ棒から鉄製のスキ［鋤］に進化します。ツキ棒で地面をツク（アナをあけて、種を埋める）作業から、省エネで強力なカナスキ［金鋤］で田んぼをスク（スクスク・スッキリ・スキカエス）」作業に変化したのです。時代の先端をゆく先進技術が生まれると、その技術用語のコトバヅカイも変化するというわけです。

t-音とs-音の対照は、破裂音と摩擦音の対照です。タツ・タタク・ツク・ツツクなどという場合、破裂音（t, k）や破擦音（ts）が連続するため、それだけカタイ・ハゲシイ感じがしますが、サス・ササヤク・

スク・ススグなどといえば、摩擦音（s）が語頭に立ったり、連続したりするので、それだけシズカでヤワラカな感じになるようです。具体的にチェックしてみましょう。

　t-音は、舌先を上前歯のハグキにツキアテル姿で発声する破裂音。そのときの発声器官の姿から、タ［手・田］・チ［血・乳・千・道］・ツ［津］・テ［手］・ト［戸・砥］などの意味用法が生まれます。

　t-k音は、タタク［叩］・ツク［突・搗・附・着・衝］・トク［解・溶］などのコトバをつくります。まさに打裂石器をツクル・ツカウ姿を表わす技術用語です。原始日本語の時代、打製石器にまつわる技術用語の中に、t-kなどの破裂音が多用されたことが考えられます。

　s-音は、舌先を上前歯のハグキにスリツケル姿で発声する摩擦音。そのときの発声器官の姿から、サ［箭狭・然］・シ［石・磯・下］・ス［洲・砂・巣・酢・簀・素・為］・セ［瀬・背・狭］・ソ［麻・十・衣・其］などの意味用法が生まれます。

　s-k音がサク［裂・割・咲・放・離・避］・シク［敷・布］・スク［鋤・透・梳・漉・好］・セク［塞・堰・急・咳］・ソク［退・除］などの動詞をつくり、s-g音がサグ［下・提］・スグ［過］・ソグ［削・殺］などの動詞をつくることは前述のとおりですが、s-k音語とs-g音語は音形も意味も、それぞれソックリの姿です。たとえばサグ［下・提］は、「手のサキにぶらサゲル」姿。視点を変えれば、サク＝「本体から切りサク「裂」・サケル［避］姿です。

7. ツクシ［土筆・筑紫］のナゾとき

　もういちどツクシ［土筆・筑紫］のナゾときに挑戦します。ツクシ［筑紫］という用字法には、いろいろナゾがあります。一見、漢語のようにも見えますが、漢字チク［筑］にツクという字音はなく、チクシ［筑紫］という漢語も成立しません。植物名のツクシは上代語の用例がないようですが、地名のツクシは「古事記」や「万葉集」にも多くの用例があり、［筑紫］［竺紫］［都久之］などと表記されています。

　ツクシ［筑紫］にはもうひとつ、おおきなナゾがあります。そのナゾがぎゃくに、ナゾときのヒントになるかもしれません。それは、ツ

クシ［筑紫］にかかる枕詞シラヌヒ［白縫］の用法です。国語辞典には「語義およびかかり方不詳」としていますが、あわせてこう解説しています。

　　　ヒは甲類であるが、火のヒは乙類であるからシラヌヒ不知火の意ではあるまい。シルを領知する、ヒを霊魂の意として、「シ［領］らぬヒ［霊］ツ［憑］く」とする説は、注目される（三省堂「時代別国語大辞典・上代編」）。

「シ［領］らぬヒ［霊］ツ［憑］く」説は、たしかに注目すべきだと思いますが、すこしちがった解釈もできるかと思います。たとえば、こういう解釈です。

「語義およびかかり方不詳」としたのは、「シラヌヒ［白縫］」というコトバの正体（語源・語義・語法など）が分からないからでしょう。わたしは、シラヌヒ［白縫］を「白い縫い針で縫う」姿と解釈します。そして、このシロ・シラをシロガネ［銀］・シラギヌ・シルバー（silver）・シラギ［新羅］などに通じる sir-, sil-音としてとらえます。シラヌヒは「白縫い」とも、「シラ（金属製）のヒ［梭］」とも解釈できます。

このヒ［梭］は、機織りの道具で、横糸をタテ糸に通すために用いられる舟形の器具です。

「シラのヒ［梭］＝白い縫い針」といいかけたところで、「ヒ［梭］はツク［突・付］もの、ツキ通すもの」へと思いがつながり、やがて「クシ［串・櫛］」にたどり着くというのが、枕詞のシカケです。現代社会でいえば、「ダジャレ」や「連想ゲーム」みたいな現象でしょうか。

ここまで考えてくると、ツクシの語音構造についても、「ツク＋クシ」の短縮形のように解釈するほうが、より現実的・合理的かもしれません。また、植物名のツクシ［土筆］と地名のツクシ［筑紫］は、もとは一語だったかと思われます。はじめに植物名としてのツクシ［土筆］が生まれ、やがて金属利器の時代になってから地名のツクシ［筑紫］に変身したと考えることもできそうです。

また、おなじく枕詞をもつ地名カスガ［春日］や名詞カスミ［霞］についても、カツ→カスの音交替があったと推定されます。一般に「ハルヒ［春日］カスムといいかけて地名カスガにかかる」と解説されていますが、ハルは季節の春を意味するまえにまず「ハル［針・張・墾］」であり、「ハリでツツク。草木が芽を出す。開墾する」姿。やが

て「日光がハリツク」「太陽がカツカル」姿につながります。またカスについても、カツ（カチワル・cut）の結果としてクヅ［屑］やカス［糟］が生まれ、それがガス状の微粒子になると、「カスミでカスム」ことになります。

8. t-音と s-音の交替例

　t-音と s-音では、発声方法がちがい、意味用法もちがっています。とはいうものの、共通点がないわけでもありません。現在サ行音をもつコトバの中には、タ行音をサ行音でいいかえたと思われるのもあり、またもともとタ行音だったものが途中でサ行音に変化したと推定される例もあります。その結果として、タ行音のヂやヅがザ行音のジやズと区別がつかなくなったりしています。t-音→s-音の交替例と思われる語をひろってみます。

①k-t→k-s

カツ［合・搗］→カス［貸・糟・滓・春］。＊カツカル・カチワル・クダク・ケヅル姿。カス［貸］は、所有物の一部をケヅリ、cutして、提供する行為。カチこわされ、cutされたものがカス［糟・滓］。カズ［数］は、もとカヅか。また、カスガ［春日］やカスミ［霞］のカスも、カス［貸・糟・滓］と同源か。

クタクタ・クダクダ・グダグダ・クチャクチャ・グチャグチャ→クサクサ・クシャクシャ・グシャグシャ。

クヅ［屑］→クズ。＊カツ・クダク・cutする結果生まれるカス。

ケツ［消］→ケス［消］。ケヅル［削］→ケズル。

②p-t→p-s

ハタ［端・傍］→ハサ［稲架］。＊一束の稲を半分づつに分け、両ハタ［端・傍］でハサム（マタグ）姿。

ハチ［蜂］→ハシ［嘴・橋・箸］。＊クチバシをツキダス・ツキサス姿。

ハツ［果］→ハス［馳］。ハヅ［恥］→ハズ。

ハツセ［初瀬］→ハセ［長谷］。＊両ハタ［端・傍］の岸壁でハサマレタ地形を表す語。ハザマ［狭間］と同系。また、ハザマをハス［斜］（対角線状）にツッパシル姿がハセ［馳・長谷］・ハセガワ［長

谷川]。＊英語のpass（通りすぎる）やpath（通り道。小道）なども参考。

③ t-k → s-k

タカ［高］→サカ［尺］。＊高さ・長さなどの分量。
ダクダク→ザクザク。＊ツギツギ、デテクルさま。
チクチク→シクシク。＊ツキサス姿（痛みなど）。
ツカツカ→ヅカヅカ→ズカズカ。＊ツキデル、進み出るさま。
ツケツケ→ヅケヅケ→ズケズケ。＊同上。
ツツク（ツヅク）→ススク→ススグ［濯］。＊水を流しツヅケ、ヨゴレをススグ［濯］。

④ t-s → s-s

タス［足］→サス［差］。＊（水を）サス［差］、サシヒキ［差引］などのサス・サシは、タス［足］姿。

⑤ t-t → s-s

タツ［立・断］→サス［刺・差］。＊（ツルギやユビが）ツキタツ［立］姿は、やがてタツ［断］姿、またサス（ツキサス。サシ示す）姿となる。
ツダツダ［寸・条然］→ズタズタ。
トヅ［閉・綴］→トズ。トヂル→トジル。＊トザス［閉］は、もと「ト［戸］タツ［建・断］」か。

9. おわりに

　ここまで、ヤマトコトバのt-k音、s-k音を中心に、t-音とs-音の関係をさぐってきました。客観性・普遍性の点から、このあとさらに漢語や英語などについても同様なチェック作業が必要だと思いますが、これはまたつぎの機会にゆずります。

16
スミノエ神はMr. Smithだった
―日漢英s-m音語の分析から―

1. はじめに

研究の視点

　『古事記』を読んでいると、スミノエ〔墨江〕神をはじめ、スミサカ〔墨坂〕神・スメラミコト〔天皇〕・スム〔住〕・スミカ〔住所〕など、s-m音のコトバがくりかえし出てきます。また二音節動詞では、スム〔住〕だけでなく、サム〔醒〕・シム〔染・令〕・スム〔澄〕・セム〔迫・攻〕・ソム〔染〕などの用法も、全部出てきます。

　それでは、『古事記』の中のs-m音語分析から、いったいどんなメッセージを読みとることができるでしょうか？　それが今回のテーマです。

　わたしはかねがね、『古事記』は歴史書というよりは、歴史書の体裁をもたせた政治宣伝用のヨミモノと見るほうがよいと考えています。スメラミコト〔天皇〕を中心に、スキ・クワなどの鉄利器を使ってイネ農耕をひろめ、日本列島を改造して統一国家を築きあげたヤマト政権の勝利宣言といってもよいでしょう。

　記事の内容が歴史事実と一致しているかどうか、それはここでは問題にしません。宣伝だろうが、単なる願望だろうが、当時のヤマト政権当局者たちがこの文書を作成したという事実にもとづいて、『古事記』の用語分析がはじまります。

　このあと、イズミ仮説「象形言語説」の視点や手法にしたがい、『古事記』の中のs-m音語の意味・用法をしらべ、漢語・英語のs-m音語とも比較したうえで、「スミノエ神はMr. Smith（鍛治職人の棟領）だった」と推定した経過について報告させていただきます。

資料について

　「s-m音語」「鉄器関連語」などの日本語語彙資料は、おもに『古事記』(倉野憲司校注。岩波文庫)から採用しました。あわせて、後記「参考文献」にあげた辞典なども利用しました。

2. 『古事記』の中のs-m音語など

2.1.『記』の中の鉄器関連語

　s-m音語をとりあげるまえに、s-m音以外の鉄器関連語をいくつか採集しておきます。記事の順に、なるべく重複をさけて採集します(カッコ内は倉野憲司脚注。※印以下はイズミの私見)。

①十挙剣…ミハカシ〔御刀〕…イハサク〔岩拆〕神(以下八神は、刀剣製作の順序をのべたもの)…ネサク〔根拆〕神…タケミカツチノヲ〔建御雷之男〕神。亦の名はタケフツ〔建布都〕神(※フツはウツ〔打〕の意…トヨフツ〔豊布都〕神…ウハツツノヲ〔上筒之男〕神(筒はツツ〔星〕の借字で、底・中・上の三筒之男はオリオン座の中央にあるカラスキ座〔参〕を指し…航海を掌る神)…(上巻、伊邪那岐命と伊邪那美命)

②さ噛みに噛み…正勝吾勝(正しく私は勝った。※カツ〔勝〕は、もとカツ〔搗〕の意。カヂ〔鍛〕・キタフ〔鍛〕などと同族語)…思金の神…天のカタシハ〔堅石〕(堅い石。鉄を鍛える時に金敷の石にするもの。※カツ〔勝・搗〕と同族のk-t音語)…天の金山のマカネ〔鉄〕を取り…カヌチ〔鍛人〕天津求羅を求ぎ…伊斯許理度賣命(※イシコリは〔石凝〕か)に鏡を作らしめ…八尺鏡を…(上巻、天照大神と須佐之男命)

③大国主神…阿遅鉏高日子根神(※鉏＝鋤)…少名昆古那神(小人の意か。名義未詳。※スクナ＝スク〔鋤〕ナ〔刃〕＝スキ〔鋤〕)…八重事代主神(※コト〔言・事〕はもと一語。動詞カツの名詞形カタ〔型・方・片〕の母音交替。カタリ〔語〕のワンカット)…天鳥船神…建御名方神…御手を剣刃に取り成し…(上巻、大国主神)

④火照命は海幸彦(※サチ〔幸〕は、もとサ〔箭・狭〕チ〔道・鉤〕。

エモノをもたらす道具）…火遠理命は山幸彦…各サチを相易へて用ゐむ…そのツリバリ〔鉤〕を海に失ひ…御佩の十挙剣を破りて、五百鉤…一千鉤を作り…おぼ鉤、すす鉤、マヂチ〔貧鉤〕、…うる鉤…（上巻、火遠理命）

⑤熊野のタカクラジ〔高倉下〕…一ふりのタチ〔横刀〕を…キヒカ〔井氷鹿〕（井光の意。※井戸据り技術者）…イハオシワク〔岩押分〕の子（※土木技術者）…ホトタタライススキヒメ命（※タタラ〔踏韛〕はフイゴ装置）…（中巻、神武天皇）

⑥シラギ〔新羅〕の国は（※シラは、シロガネ〔銀〕・silk、silverなどに通じる語音か）御馬甘…クダラ〔百済〕の国は渡のミヤケ〔屯家〕と定め、…御杖（※鉄製の先端部分をもつツエ＝剣・槍のたぐい）を新羅のコニキシ〔国主〕の門に衝き立てて、スミノエ〔墨江〕大神の荒御魂を、国守ります神として…（中巻、仲哀天皇、神功皇后）

⑦御杖（※砕石用。タガネのたぐい）を持ちて大坂の大石を打ち…その石走り避けき（※サケ〔裂〕て飛び散った）…諺に「堅石も酔人を避く」といふ（※漢語スイ〔酔〕はサイ〔砕〕に通じる）…（中巻、応神天皇）

⑧カナスキ〔金鉏〕も五百箇もがも、スキハヌル〔鉏撥〕もの…（下巻、雄略天皇）

2.2.『記』の中のs-m音語

『古事記』に出てくるs-m音語を五十音順に並べてみました。その語音構造や意味・用法を観察することで、s-m音語根からサマザマな派生語が生まれる過程を読みとることができます。

Sam-（①サ〔箭・矢〕のマ〔目・間〕。②サ〔矢〕をウム〔生・埋〕。ハサム）

 サマ〔状〕（動詞サムの名詞形）。

 サミ〔佐味〕（サ〔矢〕ミ〔実・身〕。ハサマレタ中身）。

 サム〔寤〕（サ〔矢〕をウメこまれ、目がサメル）…サメオキテ〔寤起〕…サメタリ〔寤〕…サメガキノシミヅ〔寤居清泉〕。

 サモノ〔狭物〕（サ〔箭・矢〕の姿をしたもの）。

 サモラフ〔侍〕（サ〔矢〕モル〔守〕…サモラハム〔侍〕。

Sim-（①石や砂をウム〔生・埋〕。②水などがシミこむ。③空間をシメ

ル〔占〕。
　シマ〔嶋・志麻・斯麻〕（シム〔占〕マ〔間〕。動詞シム〔占〕の名詞形）…アキツシマ〔秋津嶋〕・アハシマ〔淡嶋〕・アハヂシマ〔淡道嶋〕・イキノシマ〔伊伎嶋〕・ヤシマクニ〔夜斯麻久爾〕（八島国）…シマダノキミ〔嶋田君〕。
　シマシ〔暫〕（シミこむまでの時間）…シマシハ〔暫〕。
　シマル〔結・縛〕…シマリモトホシ〔結廻〕。⇔シム〔占・染・令〕。
　シミヅ〔清泉・寒泉〕（シム〔滲・浸・染・凍〕ミヅ〔水〕）。
　シム〔染〕…シメコロモ〔染衣〕。
　シム〔令〕…シムラク〔令〕…シムル〔令〕…シムレバ〔令〕…シメキ〔令〕…シメヨ〔令〕…見シメキ。
　シメス〔示〕（シメ〔染・令〕ス）。
　シモ〔下・以下〕（シム〔滲〕モ〔面〕。水がシミゆく方向）…シモツエ〔下枝〕・シモツケ〔下毛〕・シモツセ〔下瀬〕。
Sum-（①ス〔素〕の姿、微粒子になる。スム〔澄〕。②スム〔住〕。③スム〔済〕。④スマル〔統〕。
　スマル〔統・集〕…ウズスマリキテ…ミスマル〔御統〕の珠（多くのマガタマを一本の緒に貫き続べたもの）。
　スミ〔隅〕（スミ〔住〕つくところ）。
　スミ〔墨〕（スミ〔澄〕きって微粒子状のスミ〔炭〕…スミサカ〔墨坂〕神。
　スミノエ〔墨江〕（『記』ではすべて墨江〕と表記されるが、『万』では〔住吉〕・〔墨吉〕・〔清江〕とも表記される）…スミノエ〔墨江〕大神…スミノエ〔墨江〕津…スミノエ〔墨江〕中津王。
　スミヤカナル〔急〕…スミヤケクモ〔急〕。
　スム〔住〕…スミ〔住〕…スミカ〔住所〕スミタマヒキ〔住〕…スム〔所在〕…スメリシ〔住〕…スメル〔住・共婚供住之〕。
　スム〔澄〕…スマシテ〔清洗〕。
　スメ〔皇〕…スメイロト〔同母弟〕…スメイロ大中日子王（スメ＝スベ〔便・統〕＝スブ〔統〕の名詞形）。
　スメル〔統〕（スム〔澄・住・済〕やスメル〔澄・住〕・スメラ〔天皇・帝皇〕などの意味・用法から、動詞スメル〔統〕を想定する）。…スメラ〔天皇・帝皇〕・スメラミコト〔天皇〕…スメラミコト

タチ〔天皇命等〕・⇔スベラミコト〔帝皇〕。

Sem-
　セム〔迫・攻・戦〕…セムル〔罰〕…セメ〔迫・攻・攻迫・攻戦〕…セメイタリ〔迫到〕…セメク〔迫来〕…セメタシナメラエテ〔被迫窘而〕…セメテ〔迫〕…セメラエテ〔被迫〕。

Som-
　ソム〔染〕…ソメキ〔染木〕。
　ソムク〔背〕(ソ〔背〕ムク〔向〕…ソムキテ〔背・背面〕)。

3. s-m音語と金属精錬

　石器時代や新石器時代にもs-m音語は成立していたかと思われますが、銅・鉄など金属利器の時代になってから、にわかに多用され、語彙数がふえたと考えられます。

　金属利器を作るには、鉱石を加熱してメロメロにとかし、不純物を取り除くことが必要。ここで、スミ〔木炭・石炭〕が燃料として、また触媒として、決定的な役割を果たすことになります。

　こうしたスミの働きにたよる時代社会の中で、s-m音語の出番が多くなり、やがてサマザマな派生語をかかえる単語家族にまで発達したものと思われます。

　ところで、石器時代・新石器時代から金属利器時代への変化は地球規模、世界まるごとの変化であり、日本列島も例外ではなかったと見ることができます。そうだとすれば、コトバの面でも同様なことがいえるかもしれません。つまり、日本語におけるs-m音語発生・発達の現象は、人類語全体の歴史の一例にすぎないと推測されるわけです。

　そこで、つぎに漢語および英語のs-m音語をひろいあげ、音韻の面から比較してみることにします。

4. s-m音の漢語・英語

4.1. s-m音の漢語
日本漢字音・上古音・漢字・現代音の順に表記します。

サム　sam三・参san／sam彡shan／sem杉・衫・芟shan／dzam惨・憯can／dzam暫zan／dzem蚕can／tsam斬zhan／
※サム〔三〕の字形は、二本のサ〔矢〕が並んでいる中間に、もう一本のサ〔矢〕がシミこむ。スミこむ姿。数としては漠然多数。⇔サム〔寒・窘〕。some

シム　seim森sen／siem沁・滲shen／siem心xin／ts'iem侵・寝qin／thiem浸jin／
※シム〔心・沁・滲・侵・寝〕は、血液や水が奥までシミこむ・スミこむ姿。→滲（浸）炭法。⇔シム・シミル・ニジム。smellニオイがする。smelter製錬者。

4.2. s-m音の英語
漢語につづいて、s-m音の英語をとりあげます。s-m音の語根、その基本義、および派生語の順に表記します。『A. H. D.（アメリカの遺産・英語辞典）』フロクを参照。

sem-l (one, as one, together with) assemble集める／single単独の／Sanskritサンスクリット語／same同一の／seem〜に見える／someいくつかの／similar似ている／assimilate一致させる／resemble〜に似ている／simple単純な／※①スミ〔炭・墨〕などのシミsmearが、はじめは布のスミ〔隅〕につく。シマシ〔暫〕の間にいちめんにシミわたる。シミにシメ〔占〕られ、sameあるいはsimilarな姿に見えてくるseem。②someは漠然多数。⇔サム〔三〕→〔三三五五〕。

4.3. その他のs-m音英語
smallセマイ〔狭〕／smartヒリヒリ・ズキズキする。シミル／smash粉砕する／smearシミ／smellニオイがする／smelt溶融する（鉱石を加熱し、メロメロになるまでセメたてる）⇔滲（浸）炭法／smileほほえみ（口の開きがセマイ）／smirchシミをつける／

smite打ちのめす／smithカヂ〔鍛〕屋（スミでセメル技術者）／smog煙霧／smokeけむり／smolderくすぶる／smoothすべすべした／smutスス・シミ／smutchシミをつける／

5. まとめ

　『古事記』は、日本古代国家をきずいたヤマト政権当局者が発表した公式文書です。もともと表意文字だった漢字を表音文字として使う方法をあみだし、歌謡の音声を記録するなど、日本語の音韻研究、文学史研究の面でも貴重な資料を提供してきました。

　わたしは、『古事記』を読みとくキーワードの一つとして、s-m音語を提案しました。s-m音を中心に表現すれば、ヤマト政権の国づくりシナリオは、ほぼこんな具合になります。

　スミ〔炭〕を使ってスキ・クワなどの鉄利器をつくり、日本列島のスミズミまで農耕をひろめ、ヤマト政権・スメラミコトの威力をシミわたらせる。そのため、製鉄業者（タカクラジ）をはじめ、水運（ヤタガラス）・水産（ニヘモツノコ）・鉱山開発（キヒカ）・建設土木（イハオシワクノコ）などの業者と連合する。

　スミ〔炭〕は金属精錬作業の中で、単なる燃料以上に、触媒として、決定的な役割をはたします。さらにいえばスミ〔墨〕として、文書記録や染色・書道・水墨画など、文化芸術の面でも一定の役割をシメル〔占〕、スミ〔隅〕におけない存在です。

　さいごにもう一つ。スミ〔炭〕と金属精錬との関係は世界規模の問題であり、日本列島だけでの現象ではありません。同様のことが、s-m音語の発生、発達についてもいえるかと思います。そこで、まず日本語のs-m音語の意味・用法をしらべあげ、漢語・英語のs-m音語とも比較したうえで、「スミノエ神はsmelting（金属溶融）のmagician（魔術師）であり、その集団のリーダー、Mr. Smithだった」と推論したしだいです。

スミ・シム・SMITHのうた

フイゴで スミ火を ふかし
イシを ふかし
メロメロに とかし
スミを イシに スミこませ
シミこませ
スミきらせて
マスミの 鏡を つくりあげた
スミの MAGICIANS
スミノエの神と Mr. SMITH
古代金属精錬技術者たちの
ものがたり

富士の 白雪や 朝日で とける
とけて ながれて 三島に そそぐ
シミでる シモよ アマ トブ クモよ
個体 液体 ときには 気体
姿 かえつつ 地球を めぐる
コトバ コトのハ ヒトコト カタコト
カタリ storyの ヒトコト one cut
いまは コトダマ 電波に のって
姿 かくして そら トビかける
MAGICAL コトバの
ものがたり

日本語・漢語・英語 etc.
地球の スミから スミまで
シミこみ スミこみ
シミわたり スミわたる
「S−M」音の コトバ
スミ MAGICの あかし
コトバの 化石
古代「S−M」音語 発掘の
ものがたり

17
「アユの風」を考える
―ヤ行音の意味―

1. はじめに

　2015年3月の北陸新幹線の開通を目前にして、「アユの風」というコトバがくりかえし話題になっています。またJR西日本から並行在来線の経営をひきつぐ第三セクターの名称も「あいの風とやま鉄道」と決まっているようです。
　大伴家持が萬葉集の中で「アユ〔東〕の風いたく吹くらし…」と歌っていることから、北陸新幹線開業を機会に、県外あるいは海外から大量の観光客をよびこむためのキャッチフレーズに使いたいということでしょう。それはそれで、ぜひ大成功をおさめてほしいと思います。ただし、なにか一つの商品を売りこむには、なによりもまずその商品にかんするカンペキな知識が必要です。一夜づけの知識で間に合わせようとすれば、じきにバケの皮がはがれ、ぎゃくに信用を失うことになりかねません。その点、当事者である越中人自身、準備万端ととのっているといえるでしょうか？
　こんな心配をするのは、わたしがこれまで国語辞典や参考書を見てきたかぎり、「アユの風」の「アユ」にかんする解説が不十分だと感じているからです。
　これまで、いっぱんに「アユは風位名」「アユの風＝東風」と解釈することで、なんとなく分かったような気になっていました。しかし、これからさき県外あるいは海外から来る観光客のみなさんに説明するとなると、話は別です。
　「アユの風は、ほんとにヒガシの風なのか？」
　「なぜヒガシ風でなく、アユの風とよんだのか？」
　そのほか、想定外の質問が出てくるかもしれません。だれから、どんな質問をされても、十分ナットクしてもらえるように、客観的・合

理的な説明材料を準備しておきたいものです。

2. 「アユの風」は「東風」か？

　たとえば「アユは風位名」と説明した場合、すぐに「どんな風位…東風？北東風？」と追及されるでしょう。どう答えたらよいでしょうか？

　「アユの風＝東風」説には、それなりの論拠があります。『萬葉集』の中に大伴家持が「東風」と書いて「アユノカゼ」と読んだ歌があるからです。

　これだけの説明で、ナルホドといってくれる人もいるでしょう。しかし、まだまだナットクしてもらえない人もいるでしょう。「アユがいつ・どうしてヒガシ〔東〕を意味するコトバになったのか？」「同音の名詞アユ〔鮎〕や動詞アユ〔肖・零〕などと関係があるのか、ないのか？」などと質問されて、説明するのにキリキリマイさせられるかもしれません。

　日本語で、風位名のアユがなぜ魚のアユや動詞アユ〔肖・零〕と同音なのかという問題は、漢語で風位名のトウ tung 東 dong がなぜ名詞 tung 棟 dong や動詞 dung 動 dong と同音なのかという問題とおなじです。『学研・漢和大字典』によれば、トウ〔東〕は「中に心棒を通し、両端をしばった袋の形」の象形モジであり、ツウ〔通〕（とおす）・トウ〔棟〕（屋根をとおす棟木）・ドウ〔動〕（つきぬけてうごく）などと同系のコトバです。「太陽が地平線をつきぬけて出る方角」ということから方位名ともなり、さらに「東西につきぬけて流通するもの」ということから、トンシ東西 dongxi（シナモノ）〔品物〕という意味用法も生まれています。

　つまり t-k 音語トウ tung 東 dong の基本義は「ツキトオル姿」であり、この姿をもつ動作や方位・風位・構造物などをつぎつぎ t-k 音で呼び、たくさんの t-k 音語を生みだしたと考えられます。くりかえしいえば、トウ〔東〕が方位名・風位名となったのは、「ツキトオル姿」に着目しての命名であり、この段階では「東西南北」いずれの方位とも特定されていません。ただ、現実生活の中で、やがて「ツキトオル風＝東

風」という意味用法が定着してしまっただけです。

　大伴家持がアユノカゼに「東風」を当てたのは、このような歴史経過をふまえてのことと考えられます。この事実を無視して「アユの風」の東風説・北東風説を議論するのは、いささかピントはずれで、ムダな論議ということになるかもしれません。

3. ツキトオル姿、ヤ〔矢〕・アユ〔鮎〕

　ここまでの議論で、t-k音漢語トウ東dongも日本語アユ（風位名）も、基本義「ツキトオル姿」を共有していることが分かりました。そこで気がつくのは、日本語やヤ行音のコトバに基本義「ツキトオル姿」がしみわたっていることです。一番の典型がヤ〔矢〕で、「ツキトオル利器」の姿、名詞アユ〔鮎〕は、「矢を射る姿」の魚。したがって、「アユの風」は「矢を射るようにはげしく吹きつける風」と解釈されます。

　これでようやく、アユ〔風位名〕とアユ〔鮎〕とのツナガリが見えてきました。このあと、正面から日本語の音韻組織原則にしたがって、アヤ・アユ・アユムなどの語音を分析・解釈することにします。

4. アヤ・アユ・アユムの共通基本義

　漢語トウ〔東〕の上古音がtungで、もともとt-k音語なので、その基本義が「ツク・ツキトオル姿」だと解説されれば、日本人にも分かりやすいでしょう。ぎゃくにいえば、日本語のアユについても、その正体（共通基本義）はアヤ〔綾・文・漢〕・アユ〔零・肖・鮎・風位〕・アユム〔歩〕などの語音の中にかくれているはずだということになります。

　ここで「日本語の音韻組織原則」についてくわしく解説している余裕はありませんが、アヤ・アユなどの語音は六十四音タイプの中のa-aタイプに分類されます。このタイプの中にウウ〔植・飢〕などのw-wグループとアユ・イユなどのy-yグループがあるわけです。

5. 矢がユク姿＝アヤ・アユ・アユム

　ここでまずy-yグループとしてどんなコトバが成立しているか、アユ関連のコトバ（一部）を五十音順にならべてみます。なお、ここでアユayu、イユiyuなどの音形は、もとyayu、yiyuなどの語頭子音y-が脱落したものと解釈しています。

アヤ①〔綾・文〕縦横さまざまな模様。また、その模様を織り出した絹織物。※ヤ〔矢〕の姿。

アヤ②〔漢〕アヤヒト。※アヤオリ技術をもたらした漢土の人。

アユ①〔零〕（下二）こぼれ落ちる。※花・実・血・汗などが、ヤ〔矢〕のようにこぼれ落ちる姿。

アユ②〔肖〕（下二）似る。あやかる。※矢を立てならべた姿。

アユ③〔鮎〕アユ科の淡水魚。※「矢がユク」「弓で矢をイル〔射〕姿」の魚。動詞アユの名詞用法。

アユ④風位名。※「矢がユク姿」の、はげしい風。

アユム〔歩〕あるく。※アユの姿になる。アシ〔脚〕をユミ〔弓〕なりに（ヒザを曲げ伸ばし）して、全身を矢のように発射する。

イヤ〔弥・射矢〕（形状言）物の程度の盛んなこと。→「雁がねはイヤ〔射矢〕遠ざかる」（萬2128）

イユ①〔癒〕（下二）病気がなおる。※矢を射こむ姿。ハモノを体内にイレ〔入〕、シコリをとりのぞく。

イユ②〔被射〕（下二）射られる。→「イユシシ（所射鹿）」（萬3874）

オヤ〔親〕親。祖先。※動詞オユ〔老〕の名詞形。

オユ〔老〕（上二）老いる。年よる。※ヤ〔矢〕がオレマガル・ヨリカカル姿。

オヨビ〔指〕指。※関節を軸として、オレマガル・ヨリカカル・ヨビカケル姿。

オヨブ〔及〕（四段）いたる。ゆきわたる。※腰・肩・脚・腕などの関節がオリマガル・ヨリカカル・ヨビカケル姿。オヨビ腰。

6. ヤ行拗音が表わす意味

ヤ行音について、その音形と意味の関係を考えてみます。

ヤ〔矢〕y＋aの構造で、「yするもの」「ユクもの＝ヤ〔矢〕」の意味となる。※ｉの口形からａの口形へ極端に移行する語音。

イ〔斎・忌・射・息〕y＋iの構造で、「yすること」の意味となる。弓で矢をイル〔射〕姿。→イク〔生・行〕・イキ〔生・息〕・イフ〔言〕・イル〔射・入〕。

ユ〔湯・斎・弓〕y＋uの構造で、「yする」「矢・弓・湯でイム・イタメル」の意味となる。エ〔枝・柄・江〕y＋eの構造で、ヤ〔矢〕の交替音。ユクもの＝〔矢〕の姿。エ〔江〕は、水面が陸地にイリコム姿。いいかえれば、「エダ〔枝〕をイダス〔射出〕」「エ〔柄〕をつける」姿。

ヨ〔夜・節・世・代〕y＋oの構造で、ヤ〔矢〕の交替音。一本の矢＝竹の一節＝人の一代。ヨル〔夜〕は、太陽やヒト・トリ・ケモノがヨル〔寄・依・縒〕・ヤスム時間帯。

6.1. 漢語の拗音

ここまでヤマトコトバのヤ行拗音について考えてきました。ついでに、漢語や英語音について、参考までに調べてみましょう。

音声の面からみて、アヤ・アユ・アユムなどにピタリ対応する漢語音は見あたりません。しかし、日本漢字音でヤ・ユ・ヨの音をもつ漢字がたくさんあるので、その一部を上古音・漢字・現代音の順に表記してみました（印刷の都合などもあり、発音表記は不十分ですが、おゆるしください）。

ヤ〔也・冶・夜・邪・野・射〕

diag 也 ye　なり・や。

diag 冶 ye　鉱物を溶かして細工する。ム印は、曲がった棒でつくったスキの形。河川に人工を加えて調整することを治といい、金属を溶解して細工することを冶という。→ヤク〔焼・矢来〕

diag 夜 ye　よる。昼の両ワキにある暗い時間。エキ〔腋・掖〕と同系。

ngiag 邪 ye　や。か。（疑問）。よこしま。※食いちがった組木のカミあうさま。→イガム・ユガム。

diag 野 ye　原野。※ヨコに引きずる姿。矢が伸びユク姿。
diag 射 she　射る。※張った弓の弦を放して、緊張を解くこと。ヤル〔遣〕姿。

イ〔衣・医〕
・er 衣 yi　ころも。肌をイレル〔入・容〕もの。
・ieg 医 yi　①矢をイレ、シコリを取り除く。②矢のイレモノ〔容器〕。

ユ〔由・油・愈・愈到・諭・遊〕
diog 由 you　よる。より。よし。※酒や汁をぬき出す口のついたツボの姿。ユ〔油〕・チュウ〔抽〕・テキ〔笛〕などと同系。イデユク〔出行〕姿。
diog 愈 you　いよいよ。※ハモノで木をくりぬいた丸木舟。「ヤ（矢・ハモノ）がユク〔行〕」姿。
diog 愈 ou　まさる。いよいよ。いえる。ユ〔癒〕の原字。※病気の種が抜き取られ、安心する姿。
diog 癒 you　いえる。※からだの病気が消え去る。
diog 諭 you　さとる。さとす。※疑念やシコリをえぐりとる。
diog 遊 you　あそぶ。あそばせる。※定着せず、ユラユラ、ユレうごくさま。ユウ〔悠〕と同系。

ヨ〔予・余〕
diag 予 yu　与える。預ける。われ。※織機のヒ〔杼〕（横糸を押しヤル道具）の姿。
diag 余 yu　われ。あまり。あまる。※スコップで土を押し広げるさま。ヨ〔餘〕・ジョ〔徐〕と同系。

6.2. 英語の拗音

　英語の拗音については、あまりくわしく調べる時間がありませんでした。とりあえずアヤ・アユ・アユムという音形から連想される英語音について報告させていただきます。
　arrowは、ヤガラ〔矢柄〕
　ヤ〔矢〕のことを英語でarrowといいます。ar＋rowの構造ですから、ヤガラ〔矢柄〕と解釈したほうが基本義に近いでしょう。arがヤジリの部分で、rowがエ〔柄〕の部分をさすコトバです。ヤジリは漢字で〔矢尻〕と表記されることがありますが、矢の機能としては、むしろ「矢

のアタマ（頭）です。ただ、飛び道具としてエ〔柄〕の役割も重要で、その姿や機能から動詞row（舟をこぐ）や名詞row（行・列）などが成立しています。

apple（リンゴ）については、ap + pleの構造で、「矢がアフ〔会・逢〕・フル〔振・触〕（柄の先に実がなる）姿」と解釈できそうです。矢と対象とのデアヒ〔出逢〕がうまくユクことは、それだけうまくapply（適用する）できたことになります。

atom（原子）については、temple（寺院）とともに「語根tem-(to cut)からの派生語」と解読されています。カドやデッパリをツミとり、丸くした超微粒子ですが、その威力は超強力です。

ここで「語根tem-からの派生語」という指摘は尊重すべきですが、atomのa-音の役割も無視できません。日本語動詞アツ・アタル・アツムや、名詞アテ・アト・アタマ・アツマリなどのア音です。atomやtempleも見るからにアタマの姿。とりわけatomはずばりヤダマ〔矢弾〕の姿です。

7. Europeは、夕日の国

日本語のヒガシは漢語でトウ東dongですが、英語ではeastです。これもea + stの構造とみて、「ヤ（矢・日光）のスヂ（筋・条）＝アサヒ〔朝日〕がサス方角」と解釈できます。Easter（復活祭）、eastern（東方の）などと同系のコトバ。また、ユーラシア大陸の東部、いちばん先に朝日を迎える地域がAsiaつまり、「アサヒ〔朝日〕の国」というわけです。

ぎゃくに大陸の西部、昼間天空をかけめぐっていた太陽がやがて大地とヨリソイ〔寄添〕、ユフ〔結〕（結婚する）地域がEurope（夕日の国）です。そのとき、太陽と大地がeven（高さがおなじ）となることから、この時間帯がeve（ユフ〔夕〕）、evening（ユフベ〔夕〕）と呼ばれるようになりました。

8. むすび

　「日本語と漢語と英語では、もともと言語の系統がちがうのだから、音韻の面で対応するはずがない」というのが、これまでの常識のようです。しかし、「そうとは断定できない」と考えることもできます。三言語の相関関係の有無については、とりわけ日本語・漢語の比較資料が不足のため判断できていないというのが実態のようです。相互交流の実績がなかったと証明されたわけではありません。

　ぎゃくに、三言語相互間の交流を暗示する言語材料は案外たくさんあります。気づく人がすくないだけです。日本語音と漢語音との共通感覚だけでなく、日本語音と英語音との共通感覚をしめす言語材料がつぎつぎ発見されています。

　さきほどとりあげた「アサ・アサヒ・アシタとAsia、east」「ユフ〔結〕・ユフベ〔夕〕とever、even、Europe」などがその例です。わたしが「コトバの化石」とよんでいる言語材料です。

　「東西言語交流のアシアトではないか？」

　そこから「コトバの化石さがし」がはじまります。一人でやっていても、けっこう楽しい作業ですが、おおぜいでやれば大量の作業をこなせるだけでなく、議論の質を高めることもできると思います。

18

ニヒ〔新〕とネヒ〔婦負〕
―富山県のn-p音地名を読む―

1. はじめに

　富山県の地名の中に、ニヒカハ〔新川〕郡、ネヒ〔婦負〕郡など、n-p音をもつ地名があります。ここでは、日本語（ヤマトコトバ）音韻組織の原理・原則に照らして、これらn-p音語を分析し、n-p音にこめられた意味を読みとくことにします。そのため、n-p音語のカナ表記は現代カナヅカイではなく、歴史カナヅカイを用いることにします。

　語音分析の具体的な方法としては、ナフ〔綯〕・ナブ〔隠・並〕・ヌフ〔縫〕などの動詞をはじめ、ナハ〔縄〕・ナベ〔鍋〕・ニハ〔庭〕・ニヒ〔新〕・シラヌヒ〔白縫〕・ネバフ〔根延〕などのn-p音を比較対照し、その共通基本義をさぐります。

　あわせて、漢語・英語のn-p音とも比較し、民族語のワクをこえて共通する基本義をさぐります。

2. n-p音の日本語

　ヤマトコトバでは、ナフ〔萎・綯〕・ナブ〔隠・靡・並〕・ヌフ〔縫〕・ノブ〔伸・延〕などのn-p二音節動詞が成立しています。そしてそのまわりにナハ〔縄〕・ナヘ〔苗〕・ナベ〔鍋〕・ニハ〔庭・丹羽〕・ニヒ〔新〕・ニヘ〔贄〕・ネブ〔合歓木〕などの名詞や形状言などが成立しています。

2.1. ナフものがナハ

　「ナワ〔縄〕をナウ〔綯〕」などといいますが、歴史カナヅカイでは「ナハをナフ」です。動詞ナフは四段活用なので、その未然形ナハがその

まま「ナフもの」を意味する名詞形として定着したわけです。

上代語に「ナフ〔綯〕」の用例は見あたりませんが、ナフ〔萎〕（なえる・しびれる）・ナブ〔隠〕（かくれる・こもる）・ナブ〔靡〕（なびかせる）・ナブ〔並〕（ならべる）などがあります。客観的に見れば、みんなよく似た姿です。

ナハ〔縄〕をナフ〔綯〕ときは、２〜３本のワラをナベ〔並〕、それぞれにヨリをかけます。ワラがナヘ〔萎〕（しびれ）て、相手の体内にナブ〔隠〕姿になります。

2.2. ナハ〔縄〕とナヘ〔苗〕は同族語

ナハといえば、もう一つ、ナヘ〔苗〕の交替形としてのナハ（苗代など）があります。現代人の感覚では、ナワとナエはまったく無関係のコトバですが、ヤマトコトバとしては、ともにn-p音の同族語であり、n-p音の基本義を共有しています。

ナヘ〔苗〕は、草木の種がいちど地中に並べて隠され、やがてあらたなイノチとしてネ〔根〕やメ〔芽〕を張りだす姿です。それは、ワラがナハに変身するのとおなじ姿だといえます。ナハシロ〔苗代〕は、「若い草木が並べられ、隠されているシロ〔代・城〕と解釈するほうが分かりやすいでしょう。

ついでにいえば、ナベ〔鍋〕も「食品を並べ、隠しておくシロ〔代・城〕です。

2.3. ニフの川がニハカにつくるニハ〔庭〕

日本列島には火山が多く、いたるところにニフ〔丹生〕（火山灰の地層・赤土）があります。水源地帯の雪がとけだすと、大量の赤土をまきこんで、用水がニフ〔丹生〕・ニブ〔鈍〕色になります。そのニフの川が平野部にノビ出たとき、ニハカに羽を広げて張りだし、やがて水が引いたあと、ニハカづくりのニハ〔庭・丹羽〕（耕地・作業場）をのこすことになります。

洪水のあとに出現したニハは、アラタ〔新田〕として、またの名ニヒタ〔新田〕・ニヒバリ〔新治〕として、イネ耕作に利用され、収穫された穀物はニヒナヘ〔新嘗〕として神にささげられます。

ニヘ〔贄〕は、ニヒタ〔新田〕でとれた新穀の意味。ニフブニは、「す

こし赤土をつけた（ベニをさした）」顔つき。ニホフ〔匂・染・薫〕は、もともと「ニ〔丹〕＋ホ〔穂〕＋フ〔生〕」の構造で、「美しく色づく」姿をあらわすコトバ。やがて「カヲル〔香・薫〕」の意味にも用いられます。

　ついでにいえば、富山市内の旧町名ニエモンマチ〔仁右衛門町〕（江戸期～昭和40年）なども、命名の由来は「ニヘモノが住んでいる町」だったからとされています。ニヘモノ〔贄者〕＝ニヘビト〔贄人〕。「国つ神、名はニヘモツ〔贄持〕の子」（記・神武）以来の伝統をもつ職業（船頭・漁師）です。

2.4. ヌフ・シラヌヒ・ニヒバリ

　ヌフ〔縫〕は、「糸などを使ってつなぎあわせる」ことであり、「ワラでナハをナフ」のとよく似た姿です。また、草木の穂がネ〔根〕やメ〔芽〕をノバス〔延〕姿も、「大地と天空をヌヒ〔縫〕あわせる姿と見ることができます。

　上代nup-音語には動詞ヌフのほか、ヌバタマ〔黒玉・烏玉〕・ヌバタマノ（枕詞）・ヌヒツク〔縫着〕・ヌヒメ〔縫女・縫目〕・ヌボコ〔瓊矛〕などがあります。ヌバタマは「ヌヒこまれ、黒くなった玉」、ヌボコは「ヌ〔瓊〕（玉）をヌヒつけた矛」と解釈することができます。

　ここで参考までに、シラヌヒ〔白縫〕にかんする『時代別国語大辞典・上代編』（三省堂。以下『上代編』と略称）の解説を紹介します。

　　シラヌヒ〔白縫〕…枕詞。ツクシ（筑紫）にかかるが、語義およびかかり方不詳。〔考〕ヒは甲類であるが、火のヒは乙類であるから、シラヌヒ〔不知火〕の意ではあるまい。シルを領知する、ヒを霊魂の意として「シ〔領〕らぬヒ〔霊〕ツ〔憑〕く」の意でツクシにかかるとする説は注目される。

　イズミは、もうすこし現実的な解釈をしています。
シラヌヒは「シラ〔白〕＋ヌヒ〔縫〕」の構造。シラは「動詞シル〔知〕の未然形兼名詞形」と解釈できますが、「シルとは、どんなことか」が問題です。ただし、ここでs-r音語（シラ・シルなど）についてじっくり議論している余裕はありません。結論（イズミ仮説）だけのべます。

　シラヌヒのシラは、シラ〔白〕・シラカ〔白髪〕・シラキ〔新羅〕・

シラク〔白〕・シラグ〔精〕・シル〔知・汁〕・シロ〔白・城・代〕、さらにはsilk, silverなどに通じるs-r (s-l) 音語であり、シラク（白くなる）・シラグ（白くする）姿を共有しています。

たとえば、歯をいためてナマの大根をカジルことができない人でも、スリおろしたシル〔汁〕を飲むことによって、大根の味をシルことができます。

穀物などをシラゲル（精白する）技術とならんで、鉱物（水・金・銀・銅・鉄など）をシラゲル〔浄水・精錬〕技術も発達して、人々の生活を向上させました。金属製のヌヒバリ〔縫針〕が典型的な例です。縫針といえば、普通は「衣料をヌヒあわせる道具」としての針をさしますが、シラヌヒの針は「大地をヌフ道具としての針、つまりスキ〔鋤〕を含めての意味用法だった可能性があります。

ハリ〔針〕＝ツキサスもの＝ツククシ〔突串〕＝ツクシ〔土筆・筑紫〕の連想から、枕詞シラヌヒが生まれたと考えられますが、鋤の出現によって日本列島の農耕作業は「突棒で突く」時代から「鋤で鋤く」時代へと一変します。その結果、全国各地でシラヌヒ式ヌヒバリ（鋤）によるニヒバリ〔新治〕（新規開墾地）が出現することになりました。

2.5. ネヒ郡とツギネフヤ

ネヒ郡のネヒについて考えたいのですが、nep-音の動詞ネフの用例が確認できません。上代語としてネバフ〔根延〕・ネバリ〔根張〕・ネブ〔合歓木〕・ネブル〔睡〕などの用例はありますが、地名ネヒ〔婦負〕は上代語ではまだメヒと呼ばれていました。ただ、『古事記』『万葉集』などに枕詞ツギネフの用例が多数あり、これを動詞と見る説があります。

とぼしい資料をもとに、あらためてnep-音の基本義をさぐります。ネフは「ネ〔根〕＋フ〔生〕」の構造で、植物の根がハリダス・ノビデル姿。動詞ネバフ〔根延〕やネバリ〔根張〕の原形。ネブ〔合歓木〕・ネブル〔睡〕は、ノビデル根の先がカラミあう姿。ツギネフは、名詞とも動詞とも解釈できます。名詞・動詞とも同一音形の例は、タツ〔竜・立〕・ハル〔春・張・懇〕・ユフ〔夕・結〕・ワク〔枠・分・別〕など、多数あります。

参考までに、『古事記』（仁徳）からツギネフ（ヤ）ではじまる歌を

一首紹介します。

　　つぎねふや　山代河を　宮上り　我が上れば　あをによし　奈良を過ぎ　小楯倭を過ぎ　我が見が欲し国は　葛城高宮　我家のあたり　（記、59）

ついでに、『上代編』の解説を紹介します。

　　ツギネフヤ…枕詞。地名ヤマシロ〔山背〕にかかる。語義およびかかり方、未詳。〔考〕ツギネフを継苗として、それを植える場所をツギネフ〔生〕とする説、ツギネフを植物のふたりしずかとする説などがあるが、未詳…すでに原義不明となっていたようで、ツギネフ〔次嶺経〕の字面は、その表記者の理解、すなわち次々に続いた峯を経て行くという意味に解する新しい解釈であろう。

2.6. メヒからネヒへ

ここで、ネヒ〔婦負〕とメヒ〔婦負・姪〕との関係を整理しておきましょう。

メヒ〔姪・婦負〕については、上代語の用例があります。メヒ〔姪〕は、兄弟姉妹から生まれた女の子。ヲヒ〔甥〕の対。親子・兄弟と同様の近親関係です。メヒノコホリ〔婦負郡〕は、メヒガハ〔売比河波〕の流域。この川の本流・支流・合流の姿を人間社会の親族関係に見たてて、メヒガハと呼んだことから、やがて地名メヒノコホリ〔婦負郡〕が生まれたことが推定されます。

『万葉集』でメヒと呼ばれていた地名が、『和名抄』でネヒに変化していることについて、どう解釈すればよいでしょうか？　日本語が、その途中で一種の音韻変化をとげた結果と考えるほかありません。m-子音からn-子音へ変化した例には、ミラ〔韮〕→ニラ、ミナ〔蜷〕→ニナなどがあります。

漢語の世界でも、上古漢語には存在した語尾子音-mが、現代漢語ではすべて-n子音に変化しています。

3. n-p音の漢語

　現代漢語にはn-p型の音節がありませんが、上古漢語ではニフ〔入〕・ナイ〔内〕・ナフ〔納〕・ネフ〔囁〕など少数のn-p音語が成立していました。ここで、『学研・漢和大字典』（藤堂明保編）の解説を見ておきましょう（発音は日本漢字音・上古音・漢字・現代音の順に表記。※印以下にイズミの私見を付記）。

ニフniep入…←型に中へつきこんでいくことをしめす指事文字。また、入り口を描いた象形と考えてもよい。内の字に音符として含まれる。入と納は同系のことばだが、のち、入はおもに「はいる」意に、納は「いれる→おさめる」意に分用された。※ニフ〔入〕の甲骨文は、ナハをナフ姿＝二すじのワラをナヒあわせ、一すじのナハとしておさめる〔納〕姿にも見える。また、一つぶの種から二すじのネ〔根〕がハリダス・ネバフ〔根延〕姿にも見える。

ナイnueb内nei…屋根の形と入とをあわせた会意文字で、おおいの中に入れることを示す。入・納と同系・※ナイ〔内〕の字形は、かならずしも屋根型建築物とは限らない。たとえばナハシロ〔苗代〕など、ナヘ〔苗〕をナブ〔隠・並〕するシロ〔代・城〕やワク〔枠〕（ワケルもの）と考えてもよい。

ナフnep納…「糸＋音符内ナイ」の会意兼形声文字で、織物を貢物としておさめ、倉に入れこむことを示す。※ナヒ〔綯〕こむ、ヌヒ〔縫〕こむ姿。

ネフniap囁nie…「口＋音符聶ネフ」の会意兼形声文字で、口を寄せてそっとささやくこと。※そっとネ〔根・音〕をシノビこませる姿。

4. n-p音の英語

　n-p音英語の基本義をさぐる資料として、A. H. Dフロク「インド・ヨーロッパ語根とその派生語」の中から、関連項目を紹介します（語根・基本義・派生語の順）。引用項目の選定や日本語訳、※印以下の解説などは、すべて引用者の責任。

　＜フネもヘソもナベ型＞

nau- (boat小舟) naval舟の。navigate航行する。navy艦隊。※ナベ型。⇔ナベ〔鍋〕。

nobh・(navelへそ) naveへそ。navelへそ。

<ネバル姿、ナル姿>

nebh- (cloud雲) nebula星雲。nebulous曇っている。nimbusふんい気。※ネ〔根〕がハフ〔延〕姿。⇔ネバフ〔根延〕・ネバル〔粘〕・ネブル〔睡〕。

nehw-is (near近くに) near, neighbor近所の人。next次の。※根を張り出す姿。⇔ツギネフ。

nepot- (grandson孫、nephew甥) nephew, nepotism縁者びいき。niece姪。※根や芽がノビデル姿。⇔ネバフ・ツギネフ・ネヒ〔婦負〕・メヒ〔姪〕。

neu- (to shout叫ぶ) announce公表する。pronounce発音する。※「ネ〔音〕＋フ〔生〕の構造。ナル〔成・生・鳴〕姿。⇔ノブ〔述〕。

newn (nine九) ninety九十。ninth第九。novemnber十一月。※種イモの根がノビて、子イモがナル〔成・生〕・ナブ〔並〕姿。⇔ナブ〔並〕・ナナ〔七〕・イナリ〔稲荷〕。

<ニヒ〔新〕とnew>

newo- (new新しい) new, neo新。nova新星。novel新奇な。innovate革新する。※ノビル根の先端部分、ネ〔根〕ホ〔穂・秀〕か。⇔ニヒ〔新〕・ネヒ〔婦負〕。

nu- (nowいま)now。※ハリをヌヒこませるマ〔間〕。⇔イマ〔今〕(イ〔忌・斎・射〕のマ〔間〕)。

5. むすび

　ここまで、富山県の地名ニヒカハ〔新川〕・ネヒ〔婦負〕を中心に、日本語n-p音の基本義をさぐり、あわせて漢語・英語n-p音との接点をもさぐってきました。その結果いくつかの点が分かってきました。あらためて確認しておきましょう。

　①ニフ〔黄土〕の川が洪水をおこしたあとにニハカづくりのニハ〔庭〕が出現し、この庭をシラギ系の耕具、シラヌヒ〔縫針・鋤〕でハル〔墾〕

ことによって、イネ農耕が強力に進められ、ニヒカハ・ニヒタ〔新田〕・ニヒバリ〔新治〕などのn-p音語が生まれたと考えられる。

　②ネヒ〔婦負〕がもとメヒと呼ばれていたのは、神通川の古称とされるメヒ〔売比〕川の本流・支流・分流などの姿が人間社会のヲヒ〔甥〕やメヒ〔姪〕とおなじ姿に見えたためと考えられる。ただ、漢字表記〔婦負〕については、まだ充分な説明ができていない。文字どおりに解釈すれば、「メ〔婦〕がオフ〔負〕の意となる。ヲヒ〔甥〕・ヲフ〔終〕などとの関連もあり、課題はのこる。

　③「ナハをナフ」などのn-p音とニフ〔入〕・ナイ〔内〕・ナフ〔納〕など漢語n-p音とのあいだに対応関係が見られることは事実だが、n-p音漢語の数はごく少数にとどまる。

　④n-p音の英語は比較的多数、かつ多様であり、n-p音日本語との対応関係も見られる。ナベ〔鍋〕と naval（船の）、nave（へそ）。ニヒ〔新〕と new（新）。ネヒ・メヒと nephew（甥）など。

　日本人の人名・地名を考える場合、まずは日本語の音韻感覚にしたがって解釈すべきです。あわせて地球規模・人類語の感覚でとらえてみると、またあらたな解釈が生まれるかもしれないと考えています。ご教示をおまちします。

19
ヤ〔矢・屋・谷・哉〕の系譜
―日本人の宇宙観をさぐる―

1. はじめに

　最近ふとしたことから、「地形名としてのタニ〔谷〕とサワ（サハ）〔沢〕」をとりあげ、t-n音やs-p音が表わす意味（事物の姿）を追いかけてきました。その中で、あることに気づきました。おなじような地形を表わすコトバとして、タニ〔谷〕とサワ〔沢〕のほかにも、同義語がないだろうかという疑問です。たとえば、クマガヤ〔熊谷〕・シブヤ〔渋谷〕・ヒビヤ〔日比谷〕などのヤ〔谷〕です。
　それにしても、どうしてヤという語音がヤ〔矢〕を表わしたり、タニ〔谷〕を表わしたりできるのでしょうか？　それは、古代日本人がタニ〔谷〕（山と山とのせまい空間を走るもの）を見て、「これは、ヤ〔矢〕の姿だ」と感じたからだと思います。
　そこでわたしは、ヤ・ユ・ヨなどヤ行音のコトバの戸籍しらべをしてみようと思いたちました。ヤ行音のコトバは、ユミ〔弓〕やヤ〔矢〕が先進的な生産利器として、また戦闘武器として、主役をつとめていた時代に生まれたコトバだと思われます。ヤ行音のコトバを分析する中で、当時の人たちのモノの見方（自然観・世界観・宇宙観）をさぐる上で、なにかテガカリがつかめるかもしれません。

2. あれヤ、これヤ

　はじめにまず、ヤ〔矢〕・ヤマ〔山〕・ヤマト〔倭・日本〕など、ヤ音ではじまるコトバをとりあげ、ヤという音形が、どうしてこれほどの「意味のひろがり」をもつことになったのか、考えてみます。
　以下、用語の意味用法などについては、基本的に『時代別・国語大辞典・上代編』（略称『上代編』）の解説を紹介しながら、随時私見（必

要に応じ※印で区別する）を追加して、議論をすすめます。

2.1. イタヤグシは矢か、串か？

『記』神武東征のくだり、トミのナガスネ彦と戦ったとき、イツセ命（神武の兄）が「御手にイタヤグシ〔痛矢串〕を負ひたまひき」と記されています。イタヤグシとは、どんな矢だったのでしょうか？『上代編』には、「痛手を負わす矢」と解説されていますが、どんな構造の矢（串）だったのか、よく分かりません。『広辞苑』を見ても、ヤクシ〔薬司・薬師〕の項目はありますが、ヤグシ〔矢串〕の項目は見あたりません。

それはヤ〔矢〕だったのか、それともクシ〔串〕だったのか？ イタ〔痛・板・射手〕の用例と考えあわせてみると、それは弓で射る矢ではなく、イタ〔板〕状のヤイバをもつ串（＝矢串）、いいかえれば、オノ〔斧〕型・あるいはマサカリ型の武器。さらにいえば、英語のax（オノ・マサカリ）に通じるヤグシだったかもしれません。

2.2. ヤマトの語源

ヤマトとは、もともとどんな意味のコトバだったのでしょうか？ ヤマトおよびヤマの意味用法について、『上代編』の解説を見ておきましょう。

> ヤマト〔大和・倭〕…日本国。〔考〕ヤマトは、「このミキ〔御酒〕はわがミキならず。ヤマトなす大物主の醸みしミキ」（崇神紀八年）の例のように、もと、大和国の一部、いまの奈良県天理市のあたりの地名であったが、「自伊勢還於倭」（景行紀54年）のように、いまの奈良県全体の名称となり、さらに日本国全体の呼び名となったものである。

> ヤマ〔山〕…①山。山岳。②採木地。③墳墓。〔考〕ヤマは、狩りをし、木を切る所であり…単なる山岳・高嶺といった地形名にとどまらず、山ノ幸（生産物）のある場所をいったものかと思われる。

ヤマトの語源については、「ヤマト＝ヤマ〔山〕＋ト〔処〕の構造」と分析することで、一件落着となりそうですが、もう一歩ふみこんで、「ヤマ＝ヤ＋マの構造」に注目して分析してみる必要があると思

います。つまり、ヤマ＝ヤのマ＝ヤ〔矢〕のマ〔間〕＝ヤ〔矢〕（山ノ幸）をウム〔生〕マ〔間〕と考えてみることです。

2.3. ヤスミシシとヤミシシ

『古事記』（雄略の項）に、こんな歌がのっています。
　　ヤスミシシ　わが大君の　遊ばししシシ〔猪〕の　ヤミシシの　うたきカシコミ〔恐〕　わが逃げ登りし　ありをのハリ〔榛〕の　木の枝（記.98）
ここで『上代編』の解説をみると、

ヤム〔病〕…病気になる。傷を負う。※ヤ〔矢〕ム〔生〕＝矢を射こまれた姿。

ヤム〔止〕…①とまる。終わる。②やめる。終える。※ヤ〔矢〕ム〔生〕＝矢が射こまれ、トマル（動かなくなる）姿。

ヤミシシ〔病猪〕…傷を受けた猪。手負いの猪。

ヤスミシシ…枕詞。ワガ〔我〕大君。ワゴ〔我〕大君にかかる。八隅を知ろしめす天皇の意でかけたか。〔考〕もとの意味は確かでない。※ヤスミシシ〔安見知之〕と表記した例もある。しかし、もとの意味は、ヤ〔矢〕スミ〔住〕シシ〔猪〕で、「りっぱなヤ〔矢・角・牙〕をもつシシ〔猪・猪〕」の姿にアヤカル意の美称と考えられる。ただ、時代とともに人々の意識が変化し、新時代の意識にあわせて、解釈や表記法を変更したものであろう。国語辞典などに、この種の語源解説がとぼしいのは、「不敬の罪」に問われることをおそれたものか。

2.4. トブヤトリの歌

詠嘆の助詞としてヤが多用されていますが、このヤも、もとはヤ〔矢〕でなかろうかと考えています。その典型的な例として、「トブヤトリの歌」を紹介します。ただし、新説ではありません。『コトダマの世界』（1991年、社会評論社）の中などで提案ずみの持論です。

天平勝宝4年（763）4月、東大寺大仏開眼供養会がおこなわれたとき、元興寺からの献歌の中につぎの一首がありました。
　　ミナモト〔水源・水元〕の　ノリ〔法〕の興りし　トブヤトリ　飛鳥の　寺の歌献る（東大寺要録）

仏教がはじめて日本へ伝来してから、東大寺の堂塔建立や大仏建立の事業がすすみ、大仏開眼をむかえるまでには、長い年月がかかりました。そのことをふくめて、「日本の国土で仏法が興りはじめたのが飛鳥地域。その飛鳥の寺（元興寺）から、お祝いの歌をささげます」と歌っています。

　飛鳥にかかる枕詞は、トブトリノが普通ですが、ここではトブヤトリの形になっています。ヤトリについては、ヤト〔矢跡〕＝ヤド〔矢跡〕＝ヤド〔矢処・宿〕（矢がトマルところ）＝ヤドリ〔宿〕と解釈できます。ヤトリ〔矢鳥〕とヤドリ〔宿〕の対応関係については、仏教の伝道戦略との関連も考えられます。仏法がトリ〔鳥〕に変身すれば、世界中自由にトビまわり、伝道できます。インドから中国・朝鮮・日本へとつづくシルクロードは、そのまま仏教伝道の道でもあり、途中各地に独特の建築様式をもつ仏教寺院が建立されました。塔は、仏教布教のために宇宙をかけるヤトリ〔矢鳥〕が新天地に降り立つ姿。また、飛び立つ姿。堂は、矢鳥がここをヤド〔宿〕として羽を休め、じっくり腰をすえて布教活動をする姿です。

3．ヤ行音が表わす意味

　ここからは、ヤ行単音節語、ヤ・ユ・ヨを中心に、「音形と意味（事物の姿）」との関係をたしかめてみることにします。

3.1．ヤ音が表わす意味

ヤ〔咄〕（感動）…呼びかけの語。はやし詞。※矢が飛んでゆく（くる）姿を見ての感動。

ヤ〔屋・舎〕（名）…家。具体的な建造物としての家。とりわけ、屋根の意。※矢を組みあわせることで、テント状のヤ〔屋・舎〕ができる。

ヤ〔矢・箭〕（名）…①矢。矢がら・はず・羽・矢じりの部分から成る。古くサともいった。②車の輪のこしきから輪に向かって出る放射状の棒。矢にたとえて名づけたもの。※ヤという音形（拗音）は、もとヤジリの機能に注目した命名。やがてヤガラ・ヤハズをもち、

弓で発射される方式に変化したため、ヤ音の意味用法もそれだけ幅が広くなった。

ヤ〔八・弥〕(数)…①八。②多数。※矢は、日常使う道具。多数まとまった姿で準備されていたので、やがて多数の意となる。ヨ〔四〕とともに、莫然多数の意。語尾母音の交替で、倍数を表わす。⇔ミ〔三〕とム〔六〕。ヒ〔一〕とフ〔二〕。

ヤ〔弥〕(副)…いよいよ。ますます。イヤ〔弥〕の約。「下堅くヤ〔夜〕堅く取らせホダリ取らす子」(記・雄略)※ホダリ(得利状酒器)で酒を注ぐ姿を、「弓で矢をイル〔射・入〕」姿に見立てたもの。

ヤ(助)…①詠嘆…「オシテルヤ〔忍照八〕難波の小江」(万3886)※河川がつくった扇状地の地形は、「矢(河川)がオシデル〔押出〕」姿。

②疑問…「茜さず紫野ゆき標野ゆき野守は見ずヤ〔哉〕君が袖振る」(万20)※相手の行為に疑問をもち、その身近に放つ一矢。野球の牽制球。

③反語…「吾が命の全けむかぎり忘れめヤ〔八〕いや日にけには思ひ増すとも」(万595)※「イヤだ」と反論する姿の一矢。牽制球でタッチし、ランナーをアウトにする姿。

3.2. ユ音が表わす意味

ユ〔湯〕…①湯。熱した水。②温泉。いで湯。※熱線で清められた水。

ユ〔弓〕…ユミ〔弓〕。※ヤ〔矢〕をイル〔射・入〕装置。

ユ〔斎〕…形状言。接頭語的に用いられ、斎み清めた・神聖なの意を添えて美称をなし、またユユシ・ユマフ・ユマハルなどの語幹となる。※光線・熱線・矢などでイム・イタメル姿。

ユ〔助動下二〕…受身・可能・自発の意を表わす。※いずれも、客観的には同一の姿。

ユ(助)…動作の行われるところ・経過するところ・起点・手段・比較の基準などを表わす。※助詞ヨ(後出)と関連する語と思われる。あるいは、「ユミ〔弓〕(発射装置)にヨリ〔依〕、ヤ〔矢〕をイル〔射〕・ヤル〔遣〕」という生活実態の反映か。

3.3. ヨ音が表わす意味

ヨ〔夜〕…よる。ゆうべに始まり、あしたに終わる暗い時間の全部。ヒ〔日〕の対。※ヨイヤミがヨル〔寄〕とき。太陽が西方の山かげに身をヨセ、人も身をヨセあい、ヤスム時間帯。

ヨ〔代・世〕…①生涯。命のある間。一生。②寿命。とし。③年代。時代。④世の中。世間。〔考〕葦・竹等の節間の意のヨと関係ある語。

ヨ〔節〕…竹や葦の茎の、節と節との間。※竹のフシは、古いヨ〔代・世〕の到達点であり、新たなヨ〔代・世〕の起点でもある。

ヨ〔四〕…四。複合語にのみ用いられ、独立形はヨツ。※ヨ〔夜・代・節〕の「くりかえす姿」から、「莫然多数」の意味用法が生まれたものか。

3.4. ヤ行音の二音節動詞

アユ〔下二〕…こぼれ落ちる。〔考〕汗や血のしたたり流れるのをアユという例は、平安時代に多い…現在の方言でも、果実などの熟して落ちること、あるいは汗やウミ〔膿〕などの滴り流れることをアエルという。※動詞アユは、もとヤユで、「ヤの姿になる」「矢のようにハシル・ナガレル」の意と考えられる。アユ〔鮎〕は、動詞アユの名詞用法。矢のようにサバシル〔箭走〕姿の小魚。アヤ〔綾・文〕は、「矢が平行したり、交差したりする姿。模様」、あるいは「その模様を織り出した絹織物」。アヤ〔漢〕は、「綾織の技術をもつ人＝中国から移住・帰化した人」、アヤ人とも。

アユ〔肖〕（下二）…似る。あやかる。※矢にはいくつかの種類があるが、使用目的にあわせて、同一規格の矢が大量に準備され、使用された。アヤカルは、もと「アヤ〔綾〕カル〔借〕の意か。

イユ〔癒〕（下二）…病気がなおる。回復する。※ヤマイでけがれた体が・手術・服薬などにより、イミ・キヨメられる姿。⇔イヤス〔癒〕。

イユ〔下二〕…射られる。「考」動詞イル〔射〕（上一）に受身の助動詞ユが結びついて成立した語であろう。※前項のイユ〔癒〕とムジュンしているように見えるが、「AがBをイタメル」姿という点一貫している。

3.5. ヤ〔谷〕の用例

上代語の用例は見あたりませんが、『広辞苑』には、ヤ〔矢〕とならんで、「ヤ〔谷〕＝たに」と解説されています。『逆引き広辞苑』から「～ヤ〔谷〕」タイプの地名をひろってみました。

イタヤ〔板谷〕・イチガヤ〔市ヶ谷〕・イヤ〔祖谷〕・イリヤ〔入谷〕・イワヤ〔巌谷〕・オヂヤ〔小千谷〕・カナヤ〔金谷〕・カマガヤ〔鎌ヶ谷〕・カリヤ〔刈谷〕・クマガヤ〔熊谷〕・コシガヤ〔越谷〕・サンヤ〔山谷〕・シオノヤ〔塩谷〕・シタヤ〔下谷〕・シブヤ〔渋谷〕・ジュウイチヤ〔十一谷〕・セタガヤ〔世田谷〕・ヒビヤ〔日比谷〕・フカヤ〔深谷〕・ホドガヤ〔保土ヶ谷〕・ユヤ〔湯谷〕・ヨコヤ〔横谷〕・ヨツヤ〔四谷〕。

クマガヤ〔熊谷〕などについては、クマガイ〔熊谷〕などの例もあり、カヒ〔峡〕との関係も考えられますが、イタヤ〔板谷〕・イリヤ〔入谷〕・ヨツヤ〔四谷〕など、やはり「ヤ〔矢〕＝タニ〔谷〕」と意識されていたと考えられるものが多数あります。

3.6. 宮川は、もとミヤ〔御矢〕川か？

クマガヤ〔熊谷〕・ヨコヤ〔横谷〕・ヨツヤ〔四谷〕などが、もともとヤ〔矢〕のイメージをもつ地形名だったとすれば、宮川などももとはミヤ〔御谷・御矢〕川だったかもしれないことになります。たとえば、富山県を流れる一級河川、神通川の上代の呼び名は不明ですが、上流に宮川（岐阜県）があることから、これを神通川の古称だとする説もあります。

上流地帯の川は比較的急流なので、ミヤ〔御矢・御谷〕と呼ばれるのはむしろ自然なこと。神通川という呼び名は、ヤマトコトバのミヤガワ〔宮川〕を時代の流行にあわせて、漢語風に翻訳したものかと思われます。

4. むすび

ここまで、ヤ行音のヤマトコトバについて、根ほり葉ほり、その音形と意味用法との対応関係をたずねてきました。その結果、ヤマトコトバの語彙体系の中で、一定の役割を果たしていることが見えてきま

した。
　縄文時代や弥生時代に世界各地から日本列島に渡来した人たちは、それぞれ出身地のコトバを語るだけで、日本列島全体に通じる共通語はできていませんでした。たまたまヤマト地区（奈良県の一部）住民たちのコトバがやがて奈良県全体、さらには日本全体の共通語の役割を果たすことになりました。また、その途中で、列島各地住民たちのコトバを大量にとりいれ、かなり変身したと考えられます。その意味で、ヤマトコトバは生まれながらのチャンポン語です。
　ヤマトコトバの語源をたずねてゆけば、かならず日本周辺の民族言語との対応関係が見えてきます。これから先の展開が楽しみです。

あとがき

音韻比較に利用した資料について

　日本語・漢語・英語の３言語を音韻組織の面から比較するばあい、まず問題になるのが「比較する語彙の選定基準」です。日本語の語彙の選定については前例が少ないのですが、英語などインド・ヨーロッパ語については、音韻比較資料がゴマンとありますので、これにならって「国際基準にあわせた」語彙選定作業をすすめるようにしました。

　具体的な語彙の選定にあたっては、主として次のような辞典類を利用させていただきました。

　日本語については、『時代別国語大辞典・上代編』（三省堂）…多数ある国語辞典の中で、語源や音韻面からの解説など、もっとも信頼できる辞典として利用しています。

　漢語（中国語）については、『学研・漢和大字典』（藤堂明保）…単語家族の視点に立ち、日本唯一、すべての漢字について、上古・中古・中世・現代までの音の変遷をローマ字で表記した漢和字典です。

　英語については、"A.H.D"『アメリカの遺産・英語辞典、第３版』。とりわけその巻末フロク「インド・ヨーロッパ語根とその派生語」…Ｖ Ｈ．Mair教授からの助言にしたがい、当初（1993年）から利用しています。

　表紙・デザイン・装飾などについて…洋画家佐藤芙美さんから全面的なご協力をいただきました。わたしは東京外語在学中から、しばしば北京市三条胡同の「小澤公館」（小澤開策氏邸）に出入りしていた経歴があり、佐藤さんも、小澤俊夫さん（開策氏次男。ドイツ文学者）が書かれた絵本の作画を担当されたということで、ここでも不思議なご縁を感じています。

　出版社について…『コトダマの世界』を出版したときは、東京の出版社（社会評論社）にお願いしましたが、今回は地元の桂書房にお願いしました。尊敬している廣瀬誠さんの著書『越中萬葉と記紀の古伝承』（桂書房。1995）を読んで、「イズミ・オキナガ氏が…一連の奇説を発表されたのに対して、私は猛然と反論…」（417㌻）との記事を発見。それか

らずっと「このつぎは、ぜひ桂書房から本を出したい」と考えていました（第3章「越と腰と年越し」を参照）。

　残された課題…これまで文章を書くときに心がけてきたことがあります。①分かりやすいコトバヅカイをする。②むつかしい漢字を使わない。③ワカチガキをする。①と②については、この本でもある程度実行できたと考えています。ただし③については、ほとんど実行できませんでした。ワカチガキとは、単語と単語とのあいだにマ【間】をおいてつづること。総論としては賛成者多数でも、具体的なルール（案）はさまざまに分かれ、公式ルールはまだできていません。印刷の場合は、活字の規格の問題が出てきます。ワカチガキのマ【間】は、半角くらいが適当で、全角ではマのびした感じ、かえって読みにくくなるでしょう。
　この本でも、なんとかしてワカチガキを実行したいと考えていましたが、「もくじ」の項で実行（実験？）できただけで、本文でのワカチガキはあきらめました。黒田夏子さんの『abさんご』（文芸春秋2013年、芥川賞）を読んだとき、「この作品をワカチガキで印刷したら、もっと多くの読者に喜んでもらえるのに」と痛感しました。黒田さんがナットクできるルールで、『ワカチガキ、abさんご』を書いていただけたらと願っています。

　これまでお世話になった方々にこの本をささげ、ふかくお礼申し上げます。そしてさいごに、もともと病弱だったわたしを、この年まで生きのびさせてくれた妻信子の霊前に、この本を供えさせていただきます。

経歴
いずみ　おきなが【泉興長】

1920年、北海道旭川市生まれ。

1937年、道庁立旭川中学校(現旭川東高校)を卒業、東京外国語学校(支那語部)へ入学、在学中、「新民会要員」の名目で中国を旅行。長春で、先輩から「ノモンハン事件の真相」を聞き、北京で、小澤開策氏邸に出入りする。

1941年、東京外国語学校を卒業、華北交通㈱へ入社。天津・唐山・大同・宣化各駅、張家口鉄路学院、同鉄路局文書科に勤務。自分に課した任務は、「アジア大陸縦断鉄道のための人材養成」。本社企画の論文募集に応募し、原稿の最後に、「(民族協和の精神で人材を養成するのでなければ、大陸鉄道建設どころではない)日本国必ず滅びん」と記す。

1945年2月、結婚のため一時帰国。8月15日、張家口で「大日本帝国敗戦」の報を聞く。8月21日、張家口を脱出。天津で帰国船を待つ。10月、Y氏とともに張家口へもどり、八路軍管理下の生活を体験。

1946年5月末、帰国。富山駅前市場の飲食店でアルバイト。砂町自宅で貸本屋を開業。

1948年、県立富山商業高校に勤務。

1949〜1972年、富山市立東部・北部・西部・山室、各中学校に勤務。

1952年1月、「富山中国語同好会」結成に参加。富大下斗米晟教授、新湊高校教頭増山乗真氏(蓮照寺住職)を中心に、計9名で発足。毎月第3日曜日に開催。1962年7月、第109回目で終了。

1953年5月、[日中友好協会富山県支部連合会]結成に参加。

1954年10月、金沢大学で開催された「中国語学研究会全国大会」に参加。

1956年、「ちんぐるまの会」設立に参加。同人誌「ちんぐるま」を発行(第6号まで)。会長に翁久允氏。副会長に米屋芳夫氏(北一ゴム商事専務)。

1966年1月、日教組第15次教研全国集会(福島県飯坂町)に参加。高畠康吉氏(高校教諭)と知り合い、「新英研」に入会。

1972年3月、山室中学校を退職、中国物産コーナーを開業。5月19日から3週間、日中友好協会学習訪中団に参加。北京直行便が無く、香港・深圳まわりで、中国入り。

1978年、日中平和友好条約締結以後、富山県から遼寧省へ、富山市から秦皇島市など、数々の訪中団に通訳として参加。

1982〜2000年、中国語学会年次大会で研究発表、計15回。

1985〜2001年、富山外国語専門学校に中国語科非常勤講師として勤務。

現在、日本中国語学会ならびに日本中国語教育学会名誉会員。

著作
1969年、『古代日本語の構造にかんする仮説』
1970年、『象形言語説による英語音韻論』
1971年、『象形言語説による英語学習基本語彙集』(財団法人・教育振興会から教育研究奨励金を交付される)
1991年、『コトダマの世界…「象形言語説」の検証』(社会評論社)
1995年、『スミ・シム・SMITH…スミノエ神はSMELTING MAGICIAN』
2006年、『カード64』(日漢英語音をチャンポンにしたカルタ)
2008年、『現代日本語音図』(日漢英共通64音図)

コトダマの世界 Ⅱ

2017年7月28日 初版発行　　　　　　定価2,500円＋税

編　者　　いずみ おきなが
発行者　　勝 山 敏 一
発行所　　桂　書　房
　　　　　〒930-0103
　　　　　富山市北代3683-11
　　　　　電話 076-434-4600
　　　　　FAX 076-434-4617

印刷／モリモト印刷株式会社

ISBN 978-4-86627-032-6

地方小出版流通センター扱い

＊造本には十分注意しておりますが、万一、落丁、乱丁などの不良品がありましたら送料当社負担でお取替えいたします。

＊本書の一部あるいは全部を、無断で複写複製（コピー）することは、法律で認められた場合を除き、著作者および出版社の権利の侵害となります。あらかじめ小社あて許諾を求めて下さい。